Die Sonder-Umsatzsteuern

im Lichte der Gewerbefreiheit und Gewerbeordnung,

sowie der

allgemeinen Rechts- und Steuerprinzipien.

Von

Dr. J. Wernicke.

Berlin 1902.
J. Guttentag, Verlagsbuchhandlung,
G. m. b. H.

Inhalt.

Druckfehler-Berichtigung.

S. 21. In Zeile 3 muß es statt § 134 § 143 heißen.
S. 27/28. Die oberste Zeile auf S. 28 gehört zwischen Zeile 1 und 2 auf S. 27.
S. 30. In der 2. Zeile steht Gewerbearbeiten statt Gewerbearten.
S. 41. In der 3. Zeile ist statt Prohibitationssteuer Prohibitivsteuer zu lesen.

Die Idee der Sonder-Umsatzsteuer stammt aus dem Jahre 1895 und ist seitdem das Schiboleth der „Mittelstandspolitiker" geworden. Sie wird von den Kleinhändlern für die Warenhäuser und Konsumvereine, von den Kleinmüllern für die größeren Handelsmühlen gefordert.

Im Königreich Sachsen hat die Regierung seit 1896 den Kommunen die Umsatzsteuer bis zu 2 % des Umsatzes als Kommunalsteuer für die Gewerbebetriebe im Kleinhandel freigegeben. Bisher haben 30 Gemeinden in Sachsen von diesem Recht Gebrauch gemacht, wodurch im Jahre 1900 im ganzen 54 Betriebe mit M. 125 967 Umsatzsteuern belegt wurden.

In Bayern hat das neue Gewerbesteuergesetz vom 9. Juni 1899 im Art. 23 die Besteuerung der Warenhäuser und Bazare mit einer Steuer nicht unter ½ % und nicht über 3 % des Geschäftsumsatzes vorgesehen. Mit den Kommunalzuschlägen geht diese Steuer sonach bis zu 9 % des Umsatzes, wird also vielfach höher sein wie der gesamte Ertrag! Für die Großmühlen mit einer Vermahlung von mehr als 400 000 Ztr. ist im Tarif Nr. 140 die progressive Besteuerung nach dem Vermahlungsquantum als Regel vorgeschrieben. Der Satz beträgt für 100 Ztr. bei den kleinen Mühlen 5 Pfg. und steigt bei den großen Mühlen bis zu 3 M. Die Ludwigshafener Walzmühle, deren Gesamtbesteuerung mehr als den Betrag der bisher verteilten Dividende ausmachen würde, würde durch diese Steuer gezwungen, ihren Betrieb aus Ludwigshafen nach dem badischen Mannheim zu verlegen!

In Preußen hat das Warenhaussteuergesetz vom 18. Juli 1900, nachdem bereits einige Gemeinden auf Grund des Kommunalabgabengesetzes ähnliche besondere Gewerbesteuern eingeführt hatten, die Warenhäuser rc. mit einer Umsatzsteuer von 1—2 % belegt, wofern sie das stehende Gewerbe des Kleinhandels mit mehr als einer der im § 6 unterschiedenen Warengruppen betreiben und ihr Jahresumsatz M. 400 000 übersteigt. —

Der Grund für die Einführung dieser Umsatzsteuern war das Drängen der „Mittelstandspolitiker" außerhalb und innerhalb der einzelnen Parlamente: der Zweck, den man damit verfolgt, war ausgesprochenermaßen seitens der extremen „Mittelstandsfreunde" die Erdrosselung der unter diese Steuer fallenden Betriebe, damit diese den „Mittelstand" nicht weiter aufsaugen sollten, — seitens der gemäßigteren Elemente, sowie seitens der Regierungen eine Erschwerung der Konkurrenzfähigkeit jener Betriebe, um die Ausdehnung der betreffenden Gewerbebetriebe und die angebliche Aufsaugung des Mittelstandes zu verlangsamen.

Der Zweck der Umsatzsteuern ist sonach ein ausschließlich sozialpolitischer, ein prohibitiver, sie sollen gewisse Betriebe in ihrer Entwicklung durch eine starke steuerliche Belastung hemmen, um anderen Betrieben die Existenz zu erleichtern. Die Umsatzsteuern sollen ein Mittel sein, um angeblich nicht mehr lebensfähige oder nicht völlig konkurrenzfähige Gewerbeformen auf Kosten anderer Betriebsarten über Wasser zu halten, sie stellen sonach einen kräftigen Eingriff in die staatsbürgerlichen Rechte, insbesondere in die Gewerbefreiheit dar, der in vielen Fällen zur Aufhebung der Gewerbefreiheit für ganze Betriebe oder einzelne Branchen solcher Betriebe führt.

Sonach liegt die Frage nahe: verträgt sich die Umsatzsteuer ihrem Zwecke, ihrer Veranlagung und ihren Wirkungen nach mit unseren allgemeinen Rechtsprinzipien und insbesondere mit dem bisher immer noch herrschenden Prinzip der Gewerbefreiheit, oder sprechen so gewichtige Bedenken und Gründe dagegen, daß man zu dem Resultat kommen muß:

Die bisher eingeführten Umsatzsteuern, wie auch die Umsatzsteuer überhaupt, passen nicht in unser Rechtssystem und in unsere Steuersysteme und widersprechen insbesondere dem Geiste und Wortlaut unserer Gewerbeordnung?

Unsere Untersuchungen werden sich daher auf folgende Punkte erstrecken:

1. Die Grundlagen und Prinzipien des modernen Rechtsstaats und die allgemeinen Grenzen der Sozialpolitik.

2. Entwicklung, Inhalt und Ziel der Gewerbeordnung und Gewerbefreiheit und ihre Schranken.

3. Steuern und Auflagen, Gewerbesteuer und Umsatzsteuer.

4. Die Umsatzsteuern, ihr Zweck, ihre Wirkungen, ihr Charakter, ihre rechtliche Unzulässigkeit.

I. Die Grundlagen und Prinzipien des modernen Rechtsstaates und die allgemeinen Grenzen der Sozialpolitik.

Als oberstes Prinzip für das staatliche Zusammenleben der Menschen wird heute allgemein die Gleichheit aller Staatsbürger vor dem Gesetz, die Gerechtigkeit und Freiheit anerkannt. Gerechtigkeit und Freiheit bilden die Grundlagen des modernen Rechtsstaates.

Das Recht an sich ist etwas Formales, das, entweder ungeschrieben oder in Gesetzen fixiert, in unseren modernen Rechtsstaaten alle Seiten unseres staatlichen und sozialen Lebens ordnet, es ist daher nicht etwas abstrakt Gegebenes, das außer Zusammenhang mit allen anderen geistigen Potenzen steht, sondern es unterliegt der Fortbildung durch die fortschreitende Kulturentwicklung und Zivilisation: es befindet sich in fortwährender Umbildung, entsprechend dem Fortschritt unserer Kulturentwicklung. Wenn nun die Tendenz der letzteren dahin geht, auf Grundlage des gesamten geistigen, technischen und wirtschaftlichen Fortschrittes immer mehr das Prinzip der Gerechtigkeit im Leben der Völker zur Geltung zu bringen, d. h. jeden einzelnen Menschen nach seinen Fähigkeiten und seiner Würdigkeit auf Grundlage der anerkannten Menschenrechte einen entsprechenden Anteil am Kulturleben zu sichern, so ergibt sich daraus von selbst die Tendenz in der Rechtsentwicklung: das Recht soll im höchstmöglichen Maße gerecht sein, sich dem immer mehr annähern. Das moderne Rechtsbewußtsein wird von dem Grundsatze der Gerechtigkeit getragen, es verlangt, daß jedes Gesetz auf diesem Grunde ruht. Aus der Gerechtigkeit sind unsere vornehmsten modernen Lebensbedingungen geboren, die Freiheit, die Gleichberechtigung und die Verhältnismäßigkeit in den öffentlichen Beitragslasten. Alle Gesetze, die gegen diese Grundsätze verstoßen, verletzen das moderne Rechtsbewußtsein und wirken daher zerstörend, revolutionär. Darum muß der moderne Staat sich sorgfältig vor solchen Abwegen hüten, die ihn schließlich selbst in Frage stellen müßten.*)

Gleichheit vor dem Gesetz und Gleichberechtigung in jeder Beziehung, sowie Heranziehung zu den Staatslasten nach dem Grundsatze der Allgemeinheit, Gleichmäßigkeit oder Verhältnismäßigkeit sind die Haupt-Grundrechte des modernen Staatsbürgers.

Wenn diese Grundrechte der Staatsangehörigen auch nicht ausdrücklich in den Staatsverfassungen festgelegt wären, so sind sie doch heute so fest in das Gewissen Aller eingegraben, daß an ihren Grundsätzen niemand mehr zu rütteln wagen darf.

Aber in verschiedenen Verfassungen finden sich Bestimmungen, die direkt oder indirekt die gleichmäßige Behandlung aller Staatsangehörigen verbürgen. Wir erinnern an den § 4 und § 101 der preußischen Verfassungsurkunde vom 31. Januar 1850, die lauten: § 4: „Alle Preußen sind vor dem Gesetze gleich." —, und § 101:

„In betreff der Steuern können Bevorzugungen nicht eingeführt werden.

Die bestehende Steuergesetzgebung wird einer Revision unterworfen und dabei jede Bevorzugung abgeschafft."

Ein Steuergesetz, das eine völlig ungleichmäßige Behandlung der Steuerzahler einführen wollte, das die Existenz einzelner Steuerzahler zu Gunsten anderer gefährden würde, stände ohne Frage mit § 4 und § 101 der preußischen Verfassung im eklatanten Widerspruch.

Wenn auch § 101 sich zunächst nur auf die früheren Steuerprivilegien, z. B. Rittergüter, bezog, so schließt er doch auch jede andere Steuerbevorzugung, oder, umgekehrt, Steuerbenachteiligung, was dasselbe ist, aus. Und daß eine ungleichmäßig aufgelegte Steuer eine ungeheure Bevorzugung der von ihr nicht oder minder Betroffenen sein würde, ist ohne weiteres klar.

Jeder, der den Geist der Gesetze zu erfassen versteht und nicht

*) Vgl. Wernicke, Umsatzsteuer und Konsumvereine, Berlin 1898, S. 27.

zu den rein formalen Buchstabenmenschen gehört, muß beide §§ 4 und 101 im Zusammenhang dahin auslegen, daß sie für alle Staatsangehörigen und auf allen Gebieten, einschließlich der Besteuerung, das Prinzip der Allgemeinheit, Gerechtigkeit und Gleichmäßigkeit vorschreiben und durchführen wollten.

Und wenn § 25 der revidierten Städteordnung und § 16 der revidierten Landgemeindeordnung des Königreichs Sachsen bestimmt, daß jedes Gemeindemitglied zu den Gemeindelasten einschließlich der Tilgung und Verzinsung der bei seinem Eintritte etwa schon vorhandenen Schulden verhältnismäßig beizutragen hat, so ist damit der Grundsatz der Gerechtigkeit und Gleichmäßigkeit für die Gemeindebesteuerung ausdrücklich proklamiert. Nur ein künstlicher, aber keineswegs zutreffender Interpretationsversuch könnte, wie wir auch noch an späterer Stelle sehen werden, die Tragweite dieses § 25 abschwächen oder ihm einen weiteren Sinn unterlegen wollen.

Die Umsatzsteuern aber verletzen diesen Grundsatz der Allgemeinheit und Gerechtigkeit, indem aus den Gewerbesteuerpflichtigen nur einzelne „hassenswerte" Betriebe, wie man in Bayern geschmackvoll die Großbetriebe nennt, herausgegriffen und mit der abnorm hohen Ausnahme-Straffsteuer belegt werden. Nach unseren herrschenden Rechts- und Steuerprinzipien sind daher solche Ausnahme-Umsatzsteuern durchaus unzulässig, da sie das wertvollste Recht aller Staatsbürger, von dem Gesetz gleich behandelt zu werden, bei seite stoßen. —

Daneben hat sich in neuerer Zeit im Gegensatz zu dem Prinzip der unbeschränkten Freiheit, des laisser faire, eine weitreichende soziale Anschauung herausgebildet, auf deren Grundlage bereits eine in zahlreiche Verhältnisse eindringende sozialpolitische Gesetzgebung entstanden ist. Sie ist begründet in den Lehren und Forderungen der Humanität, deren Kern, die Menschenliebe, den Schutz des Schwachen involviert. Ihr Zweck ist daher, kurz gesagt, der Schutz, die Stärkung des Schwachen, sowohl durch positive Förderung der eigenen Kräfte der Schwachen, als auch — innerhalb gewisser Grenzen — negativ auf Kosten des Stärkeren.

Mit der positiven Stärkung der Schwachen durch Selbsthilfe muß selbstverständlich jedermann einverstanden sein. Gegen die Staatshilfe derselben auf Kosten der Anderen wandten sich im Anfange der sozialen Bewegung weite Kreise, von denen aber inzwischen viele ihren Widerstand gegen eine maßvolle und vernünftige Sozialpolitik aufgegeben haben.

Das aber ist von vornherein klar, daß diese nicht ins Uferlose gehen kann und darf. Es kommt also darauf an, die Grenze dafür zu ziehen, wie weit die Belastung und Einschränkung der Stärkeren zu Gunsten der Schwächeren gehen darf. Diese äußerste Grenze liegt u. E. unbedingt da, wo die von den Stärkeren zu leistenden Beiträge, bezw. ihre Einschränkungen, sie in ihrer Konkurrenzfähigkeit, in ihrer Erwerbsfähigkeit beschränken, wo ihre Entschluß- und Handlungsfreiheit darunter leiden, wo die Gewerbefreiheit ganz oder auch nur teilweise durch sie illusorisch gemacht werden würde. Keine Maßnahme des Staates darf die Energie, das Vorwärtsstreben, das materielle Vorankommen irgend eines seiner Angehörigen schwächen, sondern jede Belastung 2c. derselben muß so gehalten sein, daß sie dadurch nicht unbillig beschwert werden, vielmehr einen Ansporn zu höheren und besseren Leistungen erhalten.

Eins aber muß u. E. völlig ausgeschlossen sein, nämlich daß man eine Verbesserung der Einkommens- und Vermögensverhältnisse*) der Schwächeren auf Kosten der Stärkeren zu erzielen trachtet, daß man die Einkommensverhältnisse aus diesem Gesichtspunkte zu regeln sucht. Das geht weit über den Rahmen einer vernünftigen Sozialpolitik, des Schutzes der Schwachen, hinaus. Das würde vielmehr einer Vermögenskonfiskation gleichkommen, das wäre ein Stück Kommunismus schlimmster Art.

Wer wollte sich auch vermessen, zu behaupten, daß diese oder jene wirtschaftliche oder soziale Entwicklung absolut verderblich, jene aber absolut gut sei. Alles steht im Flusse der Entwicklung, und niemand kann voraussagen, daß das Neue schlechter werden wird als das Alte. Die menschliche Einsicht und Voraussicht ist viel zu gering, als daß sie dem Flusse der Entwicklung Vorschriften machen könnte. Diese ist das Gesamtprodukt so vieler Faktoren, die nicht in der Hand des Menschen

*) Vgl. M. von Heckel, Das Problem der Warenhäuser 2c. Dresden 1902. S. 15ff.

liegen, und die er vielfach nicht einmal zu erkennen vermag, daß es nicht nur unmöglich, sondern durchaus verkehrt wäre, der Bahn der Entwicklung eine bestimmte Richtung anweisen zu wollen.

Die radikalen „Weltverbesserer" sind meistens gerade diejenigen, die den geringsten Einblick in die wirklichen Verhältnisse haben. Es sind vielfach entweder Phantasten oder kleinliche Neider. Es kann und darf daher nicht Gegenstand der Sozialpolitik sein, nicht mehr lebensfähige oder bereits absterbende Erwerbsarten künstlich auf Kosten der siegenden Konkurrenten erhalten zu wollen. Was nicht mehr lebensfähig ist, muß absterben und neuen Lebensformen Platz machen. Je schneller das geschieht, um so besser. Wohl aber wäre es ein Feld dankenswerter sozialpolitischer Bethätigung, den infolge solcher Entwicklung auf dem Schlachtfelde Gebliebenen hilfreich unter die Arme zu greifen und ihnen in einem anderen Berufe wieder ein Fortkommen zu verschaffen. Auch hier wieder positive Hilfe, aber nicht eine negative Schwächung des Stärkeren und eine nutzlose und verlustbringende Eindämmung der Entwicklung auf Kosten unseres Nationalvermögens!

In unserer Zeit setzt sich selbstthätig überall das ökonomische, wirtschaftliche Prinzip: mit möglichst wenig Aufwendungen möglichst viel erreichen, durch. Es aufzuhalten, wäre irrationell, eine Versündigung an unserem nationalen Fortschritt. —

Prof. Sombart äußerte sich auf dem Kongresse des Vereins für Sozialpolitik 1899 in Breslau: „Das wird stets der Anfang vom Ende sein, wenn es zum Prinzip gemacht wird, etwas zu erhalten, was nicht mehr auf der Höhe der Entwicklung steht!" „Sittlich sein wollen auf Kosten des ökonomischen Fortschritts ist der Anfang vom Ende der gesamten Kulturentwicklung."

Und Prof. Max von Heckel*) verurteilt derartige Bestrebungen folgendermaßen: „Man muß sich abwenden von der häßlichen und neidischen Politik der Unterdrückung unbequemer Konkurrenten und durch systematische Reformen höheren Zielen zustreben. Denn im modernen Wirtschaftsleben kann es sich niemals darum handeln, Fortschritte zu hemmen und den Gegner überhaupt zu unterdrücken, son-

*) a. a. O. S. 46.

dern vielmehr darum, durch zielbewußte Organisation und durch neue Einrichtungen die schädlichen Wirkungen jener auszugleichen."

Der Großbetrieb ist aber nach verschiedenen Richtungen hin ein bedeutender Fortschritt, indem er eine „ökonomischere" Gestaltung des Wirtschaftsbetriebes bedeutet, eine bessere Organisation und Ausnutzung der Kräfte, eine Verbilligung der Produktion oder des Warenvertriebes, eine Verbesserung in der Lebenshaltung der Massen zur Folge hat. Von einer Aufsaugung des Mittelstandes durch den Großbetrieb kann keine Rede sein, da gerade der Großbetrieb zahlreiche gut besoldete Existenzen — einen neuen Mittelstand — schafft. Und andererseits datiert die Aufwärtsbewegung des Arbeiterstandes erst seit dem Aufkommen des Großbetriebes und ist eine direkte Folgeerscheinung desselben. Und weiter: Der Export, die finanzielle Stärkung, die Machtstellung der modernen Staaten ruhen im wesentlichen auf der Grundlage der Entwicklung kapitalkräftiger Großbetriebe.

Nichts wäre daher törichter, als diese moderne Entwicklung aufhalten zu wollen! — —

Eine Steuer irgend welcher Art, die gegen das oberste Prinzip des modernen Rechtsstaates, das der Gerechtigkeit und Verhältnismäßigkeit, verstößt, die in sozialpolitischer Beziehung weit über das Ziel hinausschießt und die Stärkeren oder nur einen Teil derselben in ihrer Konkurrenzfähigkeit schwächt, die einen Eingriff in die Vermögens- und Einkommensverteilung zu Gunsten der Schwächeren darstellt, die einer Vermögenskonfiskation gleichkommt, die eine bestimmte wirtschaftliche Entwicklungstendenz, die die Durchsetzung des ökonomischen Prinzips auf bestimmten Gebieten, die Entwicklung zum Großbetrieb aufhalten sollte, — würde unbedingt, als völlig aus dem Rahmen der Aufgaben und der Bethätigung des modernen Rechtsstaats herausfallend, seinen Grundprinzipien und innersten Lebensbedingungen zuwiderlaufend zu erachten sein.

Daß das bezüglich der Umsatzsteuern der Fall ist, werden die späteren Untersuchungen klar ergeben.

II. Entwicklung, Inhalt und Ziel der Gewerbeordnung und der Gewerbefreiheit, und ihre Schranken.

Die deutsche Reichsgewerbeordnung ist aus der preußischen entstanden. Die Motive und die Tendenz der letzteren sind daher für erstere maßgebend.

In der preußischen Regierungsinstruktion vom 26. Dezember 1808 heißt es:

§ 34. „Bei allen Ansichten, Operationen und Vorschlägen der Regierungen muß der Grundsatz leitend sein, niemanden in dem Genusse seines Eigentums, seiner bürgerlichen Gerechtsame und Freiheit, solange er in den gesetzlichen Grenzen bleibt, weiter einzuschränken, als es zur Beförderung des allgemeinen Wohles nötig ist, einem jeden innerhalb der gesetzlichen Schranken die möglichst freie Entwicklung und Anwendung seiner Anlagen, Fähigkeiten und Kräfte, in moralischer sowohl als physischer Hinsicht, zu gestatten, und alle dagegen noch obwaltenden Hindernisse baldmöglichst auf eine legale Weise fortzuräumen.

§ 50. Es ist dem Staate und seinen einzelnen Gliedern immer am zuträglichsten, die Gewerbe jedesmal ihrem natürlichen Gange zu überlassen, d. h. keine derselben vorzugsweise durch besondere Unterstützungen zu begünstigen und zu heben, aber auch keine in ihrem Entstehen, ihrem Betriebe und Ausbreiten zu beschränken, insofern das Rechtsprinzip nicht dabei verletzt wird oder sie nicht gegen Religion, gute Sitten und Staatsverfassung anstoßen. Es ist unstaatswirtschaftlich, den Gewerben eine andere als die oben bemerkte Grenze anzuweisen und verlangen zu wollen, daß dieselben von einem gewissen Standpunkte ab in eine andere Hand übergehen oder nur von gewissen Klassen betrieben werden. . .

Eben diese Freiheit im Gewerbe und Handel schafft zugleich die möglichste Konkurrenz in Absicht des produzierenden und feilbietenden Publikums und schützt daher das konsumierende am sichersten gegen Teuerung und übermäßige Preissteigerung. Es ist falsch, das Gewerbe an einem Ort auf eine bestimmte Anzahl von Subjekten einschränken zu wollen. Niemand wird dasselbe unternehmen, wenn er dabei nicht Vorteil zu finden glaubt, und findet er diesen, so ist es ein Beweis, daß das Publikum seiner noch bedarf; findet er ihn nicht, so wird er das Gewerbe von selbst aufgeben.

Man gestatte daher einem jeden, so lange er die vorbemerkte Grenzlinie hierin nicht verletzt, sein eigenes Interesse auf seinem eigenen Wege zu verfolgen, und sowohl seinen Fleiß als sein Kapital in die freieste Konkurrenz mit dem Fleiße und dem Kapital seiner Mitbürger zu bringen. . . .

Ihr Augenmerk (das der Regierungen) muß dahin gehen, die Gewerbe- und Handelsfreiheit soviel als möglich zu befördern und darauf Bedacht zu nehmen, daß die verschiedenen Beschränkungen, denen sie noch unterworfen ist, abgeschafft werden, jedoch nur allmählich auf eine legale Weise, und selbst mit möglichster Schonung des Vorurteils, da jede neue Einrichtung mit Reibungen verbunden ist und ein zu schneller Übergang vom Zwange zur Freiheit manchmal nachteiligere Folgen hervorbringt, als der Zwang selbst." —

Die von Hardenberg gebildete Gesetzeskommission nahm den Grundsatz an:

> „Gegen Einführung einer Patentsteuer tritt Gewerbefreiheit für Stadt und Land ein. Das Zunftwesen wird danach umgestaltet."

Durch Edikt vom 2. November 1810 über die Einführung einer allgemeinen Gewerbesteuer wurde eine allgemeine Gewerbefreiheit eingeführt, durch welche alle Unterthanen das Recht erhielten, jedes Gewerbe auf Grund eines jährlich zu lösenden und auf das betreffende Gewerbe gerichteten Gewerbescheines in dem ganzen Umfange der damaligen Monarchie, sowohl in den Städten als auf dem platten Lande zu betreiben. Nur 34 Gewerbe, bei deren ungeschickter Ausübung eine gemeine Gefahr obgewaltet haben würde, oder welche eine öffentliche Beglaubigung oder Unbescholtenheit erforderten, blieben von der Freigebung ausgeschlossen. Hier war die Erteilung eines Gewerbescheines an den Besitz der erforderlichen Eigenschaften gebunden. Durch das Edikt wurde mit den alten gewerblichen Anschauungen endgiltig gebrochen.*)

In den Motiven zu diesem Edikt hieß es: „Die allgemeine Gewerbesteuer hat uns für unsere getreuen Unterthanen weniger lästig geschienen, besonders da wir damit die Befreiung der Gewerbe von ihren drückenden Fesseln verbinden, unseren Unterthanen die ihnen beim Anfange der Reorganisation des Staates zugesicherte vollkommene Gewerbefreiheit gewähren und das Gesamtwohl derselben auf eine wirksame Weise befördern können.“ — —

Die große Hardenbergsche Befreiungsgesetzgebung, die auf den damals herrschenden liberalen nationalökonomischen Anschauungen und Systemen der Physiokraten und von Adam Smith fußte, hat sonach mit vollem Bewußtsein die weitgehendste Gewerbefreiheit als den für das Allgemeinwohl zuträglichsten Zustand proklamiert und durchgeführt und ihr nur diejenigen Grenzen gezogen, die durch die Rücksicht auf das Gemeinwohl erfordert wurden.

An diesem ihrem prinzipiellen Standpunkt hat die preußische Regierung im großen und ganzen auch festgehalten, obwohl sehr bald und fortwährend aus den früheren zuhftprivilegierten Handwerkerkreisen gegen die Gewerbefreiheit Sturm gelaufen wurde, die man für die teilweise Bedrängung und Verdrängung des Handwerks verantwortlich machte, während es doch bekanntlich hauptsächlich die Entwicklung der Fabrikindustrie war, die einen Teil des Handwerks aus dem Sattel hob und vorübergehend brotlos machte.

Die preußische allgemeine Gewerbeordnung vom 17. Januar 1845,**) die in § 1 die Aufhebung aller ausschließlichen Gewerbeberechtigungen und in § 13 die Zulässigkeit des gleichzeitigen

---

*) Vgl. Kurt von Rohrscheidt, Kommentar zur Reichsgewerbeordnung, Einleitung; und derselbe „Vom Zunftzwang zur Gewerbefreiheit“, Berlin 1898.

**) Die Königl. Verordnung vom 9. Februar 1849 brachte zwar verschiedene erhebliche Einschränkungen der Gewerbefreiheit im zünftlerischen Sinne, wurde aber größtenteils in der Praxis nicht durchgeführt, da ihre Vorschriften zu der neuen Zeit nicht mehr passen wollten, und blieb meistens nur auf dem Papier stehen.

Betriebes verschiedener Gewerbe durch jedermann bekräftigte, stand auf dem Boden völliger Gewerbefreiheit, ebenso der Entwurf der Gew.-O. des Norddeutschen Bundes aus dem Jahre 1868, in dessen Motiven Aktenstück Nr. 43 S. 124 es heißt:

„Freizügigkeit und Gewerbefreiheit ergänzen einander mit innerer Notwendigkeit. Nur auf Grundlage der Freiheit der Bewegung ist eine Einigung überhaupt möglich."

„Der Entwurf, der in materieller Bestimmung wesentlich auf dem Grundsatz der Gewerbefreiheit ruht . . ."

„Sein wesentlicher Zweck besteht in der gemeinsamen Ordnung der gesetzlichen Bestimmungen über die Befugnis und Gewerbebetriebe auf der Grundlage der Entfaltung der wirtschaftlichen Kräfte und der Durchführung der gewerblichen Freizügigkeit."

„In dem Volke hat sich der Grundsatz der Gewerbefreiheit durchgekämpft." —

Der Kommissions-Berichterstatter Dr. Stephani äußerte sich nach den „Stenogr. Berichten des Reichstages" 1868 S. 525 ff. wie folgt:

„Es sind Bestimmungen in die Verfassung aufgenommen, die ganz ausschließlich die Tendenz haben, die Fesseln zu lösen, die bis jetzt auf dem wirtschaftlichen Leben lagen und eine Einigung auf diesem Gebiete herbeizuführen." Zeugnis dafür sind z. B. die „Bestimmungen über die Freizügigkeit".

„Wir sind nicht fähig, diese Lasten (die Waffenmacht) zu tragen, wenn wir nicht die Produktionskraft des Volkes erhöhen, sein wirtschaftliches Leben freimachen von den Fesseln, die jetzt darauf ruhen. Wir sind nicht im stande gegenüber den uns umgebenden Völkern, die teilweise uns bedeutend überflügelt haben, in industriellen Leistungen auf gleicher Höhe zu bleiben, wenn wir nicht unser wirtschaftliches Leben wieder freimachen von sehr vielen Fesseln, die darauf ruhen, wenn wir nicht wenigstens die Bedingungen innerhalb des Norddeutschen Bundes gleich machen, unter denen die wirtschaftliche Kraft sich entwickeln kann."

Und auch der konservative Abgeordnete Graf Kleist erklärte sich für solche Prinzipien, die im allgemeinen dahin gehen, die freie Bewegung des Gewerbes zu erleichtern und zu vermehren.

Genau auf diesem Boden erwuchs die Gewerbeordnung des

Norddeutschen Bundes vom 31. Juni 1869, die dann nach Gründung des Deutschen Reiches auf dieses übernommen wurde. —

Aus dieser Entwicklung der Reichs-Gewerbeordnung, aus den Auslassungen der Regierungen und der betr. Parlamentarier geht das klar hervor, daß man eine unbeschränkte Gewerbefreiheit gewollt hat, die durch keine direkten oder indirekten Maßnahmen irgendwie wieder unwirksam gemacht werden sollte.

Die deutsche Gewerbeordnung und Gewerbefreiheit ist eine bewußte Reaktion gegen die früheren vielerlei Einschränkungen und Fesseln des Gewerbebetriebes, da man erkannt hatte, daß nur die völlige Bewegungsfreiheit den Reichtum eines Landes vermehren und die Bevölkerung zur Tragung der hohen Militärlasten befähigen könne, daß nur durch sie ein Fortschritt, die Überwindung alter abgelebter Wirtschaftsformen und die Herausbildung neuer, den modernen Verhältnissen angepaßter, möglich sei.

Die Gewerbeordnung sollte aber auch andererseits auf der Grundlage der Gewerbefreiheit einen einheitlichen Zustand im ganzen Deutschen Reich schaffen. Die Buntscheckigkeit der gewerblichen Verhältnisse sollte beseitigt, alle deutschen Staatsangehörigen sollten in Bezug auf den Betrieb eines Gewerbes gleichgestellt werden, damit die Konkurrenzverhältnisse und die Möglichkeit des wirtschaftlichen Erfolges an allen Orten des Deutschen Reiches dieselben sein und bleiben sollten.

Die auf dem Boden unbeschränkter Gewerbefreiheit stehende Gewerbeordnung wollte (vgl. § 1), daß **ein jeder** Staatsangehörige **in jedem** Bundesstaate das Gewerbe **in gleicher** Weise ungehindert und unbelästigt ausüben dürfe. Die Absicht der Gewerbeordnung war daher, daß die polizeiliche und steuerliche Behandlung der Gewerbe in allen Bundesstaaten eine derartige sein solle, daß die Ausübung des Gewerbebetriebes überall eine gleich ungehinderte sei.

Die einheitliche Ordnung der gewerblichen Verhältnisse in ganz Deutschland auf freiheitlicher Grundlage war sonach ein Hauptleitmotiv bei der Einführung einer gemeinsamen Gew.-O. und der Gewerbefreiheit. Und diese einheitliche Grundlage ist es denn auch thatsächlich mit in erster Linie, der wir den großartigen wirtschaftlichen Aufschwung Deutschlands seit Gründung des Reichs zu verdanken haben. Das einheitliche und freiheitliche Gewerberecht, und nicht minder die Freizügigkeit, haben Deutschland von den alten Fesseln der Unfreiheit, der Rechtsungleichheit und der daraus folgenden Rechtsunsicherheit erlöst. Das Reich hat sich die Ordnung der gewerblichen Verhältnisse vorbehalten (§ 4 der Reichsverfassung), damit nicht die einzelnen Bundesstaaten durch bundesstaatliche Gesetzgebung wieder eine Ungleichartigkeit und Buntscheckigkeit in die Behandlung der Gewerbe hineinbringen sollten. Das Reich muß daher auch stets darüber wachen, daß die mühsam errungene Einheitlichkeit der gewerblichen Ordnung sowie die Gewerbefreiheit nicht wieder Risse erhalte, sei es auf direktem oder indirektem Wege. Auf direktem Wege, durch Gewerbe- oder Polizei-Gesetze, ist dies nicht möglich, da diese Gesetzgebung nicht den einzelnen Bundesstaaten, sondern allein dem Reich zusteht. Aber es gibt bekanntlich noch andere — indirekte — Wege, auf denen man ebenfalls zum Ziele gelangen kann.

Bezüglich des Gewerbebetriebes herrscht im ganzen Deutschen Reich im allgemeinen der Grundsatz der Gewerbefreiheit und Freizügigkeit sowie des sog. Indigenats, d. h. jedermann kann überall jedes beliebige Gewerbe in unbestimmter Zahl betreiben, soweit nicht durch die Reichsgewerbeordnung Ausnahmen oder Beschränkungen vorgeschrieben oder zugelassen sind (R.G.O. § 1). Solche gelten aber für das ganze Deutsche Reich, abgesehen von der Besteuerung der Gewerbe durch die Gewerbesteuern, die den Einzelstaaten oder auch den Gemeinden zusteht.

Damit nun nicht etwa auf dem steuerlichen Wege die obigen Prinzipien der Gewerbepolitik durchkreuzt werden könnten, haben die Schöpfer der R.G.O. verschiedene Kautelen hiergegen zu schaffen versucht, so im § 7 und § 143 der R.G.O.

Der § 7 lautet: „Vom 1. Januar 1873 ab sind, soweit die Landesgesetze dies nicht früher verfügen, aufgehoben, vorbehaltlich der an den Staat und die Gemeinde zu entrichtenden Gewerbesteuern, alle Abgaben, welche für den Betrieb eines Gewerbes entrichtet werden, sowie die Berechtigung, dergleichen Abgaben aufzuerlegen."

Es sollten sonach alle für den Gewerbebetrieb und von ihm erhobenen Abgaben fortfallen, ausgenommen die Gewerbesteuern, d. h. die auf die Gewerbe entfallenden Beiträge zu den Staats- und Gemeindelasten. Alle weitergehenden finanziellen Belastungen der Gewerbe, die als eine Erschwerung des Gewerbebetriebes empfunden werden würden, sollten fortan aufhören.

Und nach § 143 der G.-O. sollten fortan in Steuergesetzen enthaltene Strafverbote des Gewerbebetriebes nicht mehr neu erlassen werden dürfen, sondern nur solange bestehen bleiben, als diese Steuergesetze in Kraft blieben. Sonach waren die Schöpfer der R.G.O. auf jede Weise bemüht, von der Zulassung zum Gewerbebetriebe und seiner Ausübung jede einzelstaatliche oder gemeindliche Durchkreuzung der allgemeinen Gewerbeprinzipien fernzuhalten. Es sollte Reichs-Rechtsgrundsatz sein und bleiben, daß

> die Zulassung und die Ausübung eines Gewerbes sich nur nach den reichsgesetzlichen Bestimmungen regele, und daß die Gewerbe durch keine einzelstaatlichen oder gemeindlichen Maßnahmen hierin behindert werden dürften.
>
> Dabei war selbstverständliche Voraussetzung, daß die zugelassenen Gewerbesteuern sich in dem üblichen Rahmen der Besteuerung halten und nach den allgemein anerkannten Rechts- und Steuerprinzipien der Allgemeinheit und Gleichmäßigkeit auferlegt würden. Ja es war sogar weitere stillschweigende Voraussetzung, daß die einzelnen Bundesstaaten und Gemeinden im eigensten Interesse die Gewerbesteuern in gleichmäßiger Höhe einrichten würden.

Die gesamte Regelung des Gewerbewesens ist sonach Sache des Reichs. Die Absichten des Reichs dürfen durch Landesgesetze oder auf dem Verwaltungswege nicht vereitelt oder durchkreuzt werden, auch nicht durch Steuergesetze. Die Steuern, insbesondere die Gewerbesteuern, müssen sich vielmehr in den Rahmen der R.-G.-O. einfügen. Sie dürfen nicht die durch die R.G.O. gezogenen Grenzen für die Gewerbefreiheit durch unverhältnismäßige und ungebührliche Steuerlasten — noch dazu durch Ausnahme- oder Sondersteuern — überschreiten.

Das Reichsgesetz über die Freizügigkeit vom 1. Nov. 1867 sichert den Reichsangehörigen in allen Bundesstaaten die gleichen Gewerberechte zu. Das preußische Warenhaussteuergesetz verstößt aber hier gegen im § 3. Denn da dieser § 3 preußische Betriebe, die in

Preußen mit ihrem Umsatz unter M. 400000 bleiben, auch wenn sie in anderen Staaten Millionengeschäfte machen, von der Umsatzsteuer frei läßt, — während er außerpreußische Betriebe auch dann zur Steuer heranzieht, wenn sie in Preußen nicht einen Umsatz von M. 400000 erzielen, wofern ihr Gesamtumsatz M. 400000 übersteigt, und sie nur dann freiläßt, wenn sie den Nachweis erbringen, daß ihr Gesamtumsatz nicht M. 400000 erreicht, — so werden die Nichtpreußen durch das Warenhaussteuergesetz bezüglich ihres Gewerbebetriebes schlechter gestellt als wie die Preußen. Diese differenzielle Behandlung kann eine sehr bedeutende sein. Wenn z. B. der preußische und nichtpreußische Betrieb beide je M. 390000 in Preußen, außerhalb aber je M. 610000 umsetzen, so bleibt der preußische Betrieb steuerfrei, während der nichtpreußische M. 7020 Umsatzsteuer zu zahlen hat.

Das ist eine ganz außerordentlich weitgehende Verschiedenheit in der gewerblichen Behandlung deutscher Gewerbetreibender in einem deutschen Bundesstaate, die ohne Frage gegen die Reichsgesetze verstößt.

Es muß hier auf das allerentschiedenste darauf hingewiesen werden, daß kein Bundesstaat befugt ist, in die Kompetenz des Reiches einzugreifen und dessen Gesetzgebung zu durchkreuzen. Reichsrecht geht vor Landesrecht. Es ist dabei unerheblich, ob die Absichten des Reichs direkt oder indirekt annulliert werden. Jede indirekte Durchbrechung des Reichsrechts ist ein Schritt auf dem Wege zur Anarchie und untergräbt die Autorität und den Kitt des Deutschen Reichs. Jeder Bundesstaat sollte sich daher ängstlich hüten, auch nur indirekt an dem Geiste der Reichsgesetze und der Reichseinheit zu rühren! —

Die Urheber der Gew.-O. und der Gewerbefreiheit waren sich dessen sehr wohl bewußt und traten deshalb für die Einführung der Gewerbefreiheit ein, weil sie erkannt hatten, daß Deutschlands Gewerbeentwicklung gegenüber den fortgeschrittenen Staaten noch sehr rückständig war, und daß der bisherige Zustand, falls Deutschland nicht völlig überflügelt werden solle, nicht weiter aufrecht erhalten werden durfte. Deutschland war nicht nur bezüglich der Industrie, obwohl der ungeheure technische Aufschwung auf neue Bahnen und Formen mit Naturnotwendigkeit hindrängte, sondern auch bezüglich des Handels, namentlich des Detailhandels, völlig rückständig. Es war daher durchaus notwendig, alle Schranken und Hemmungen hinwegzuräumen, welche die freie gewerbliche Entfaltung zurückhielten.

Demnach besteht in Deutschland der gesetzlich festgelegte Grundsatz, daß der Betrieb eines Gewerbes oder mehrerer Gewerbezweige durch keine gesetzliche oder Verwaltungsmaßregel direkt oder indirekt beschränkt werden darf, außer durch die in der Gewerbeordnung zugelassenen Beschränkungen.

Als solche Beschränkungen sind vorgesehen:

1. die polizeilicher Natur, z. B. § 1, § 6, §§ 16ff., § 51, §§ 56ff.,

2. die durch Steuern, bezw. durch in Steuergesetzen vorgesehene Verbote, z. B. § 5, § 7[6], § 143.

Polizeiliche Beschränkungen des Gewerbes, sei es bezüglich der Zulassung, sei es bezüglich der Ausübung, sind nur so weit gewollt und daher auch nur zulässig, als sie die Rücksicht auf das Gemeinwohl erfordert. Nur solche Betriebe, die mit öffentlichen Gefahren oder Nachteilen verbunden sind, sollen polizeilichen Beschränkungen unterliegen (§ 51). Hierbei hat der Gesetzgeber aber nur die Gefahren in gesundheitlicher und moralischer Beziehung (abgesehen von denen in Bezug auf die Landesverteidigung) im Auge gehabt. Irgend welche andere Rücksichten, z. B. soziale oder der Konkurrenz, sollen aber hierunter nicht fallen, da man ja gerade völlige Konkurrenzfreiheit wollte. Die Gesetzgeber von 1808 an bis 1869 waren sich voll bewußt, daß die freie Konkurrenz vielen Gewerbetreibenden und der Allgemeinheit sehr große Vorteile, manchen Gewerbetreibenden dagegen Nachteile bringen würde. Aber da man überzeugt war, daß die Vorteile weit größer als die Nachteile sein würden — was ja auch thatsächlich der Fall gewesen ist —, so wollte man prinzipiell jeden Eingriff in die freie Konkurrenz zu Gunsten irgend eines Teils der Gewerbetreibenden, jede Beschränkung der Gewerbefreiheit aus allgemein- und sozialpolitischen Gründen vermeiden und unmöglich machen. Denn man wußte wohl, daß, sobald erst einmal damit wieder der Anfang gemacht wäre, dann kein Ende abzusehen, und daß dann sehr bald der Gewerbefreiheit der Garaus gemacht und man wieder in den früheren unfreien, starren Zustand verfallen würde.

Dasselbe gilt bezüglich der steuerlichen Beschränkungen der Gewerbefreiheit. Wenn der Entwurf und auch noch die Motive des

Entwurfs von 1869 die steuerlichen und gewerbepolizeilichen Beschränkungen nur auf die Zulassung zum Gewerbebetriebe beziehen wollten, so spricht doch der abgeänderte Wortlaut der geltenden Gewerbeordnung im § 1, sowie der neu eingeschobene § 7 deutlich dafür, daß diese Beschränkungen nunmehr auch bezüglich der Ausübung der Gewerbe gelten sollen. Die bisher herrschende Auslegung der §§ 1, 5, 7⁶ der Gewerbeordnung, die nur auf den Motiven der Entwürfe von 1866 und 1869 fußte, dagegen die Konsequenzen der neuen Fassung des § 1, sowie der Neueinschiebung der §§ 7 und 8 außer acht ließ, ist nicht aufrecht zu erhalten, wie Rehm*) schlagend nachgewiesen hat.

Die §§ 1, 5, 7⁶ der Gewerbeordnung sind daher so zu verstehen, daß nur die in der Gewerbeordnung vorgesehenen polizeilichen und steuerlichen Beschränkungen der Gewerbe sowohl hinsichtlich der Zulassung als auch hinsichtlich ihrer Ausübung zulässig sind.

Der § 5 bezieht sich nur auf die besondere beschränkende Behandlung einzelner Gewerbe durch Zoll-, Steuer- und Postgesetze. Bezüglich der Steuern hat der Gesetzgeber wohl nur die einzelnen indirekten Verbrauchsabgaben, wie Branntwein-, Tabak-, Mahl- und Schlachtsteuer, im Auge gehabt.

Im § 7⁶ sind — abgesehen von den im § 5 vorbehaltenen (indirekten) Steuern — als besonders von den Gewerben zu erhebende Steuern oder Abgaben nur die Staats- und Gemeinde-Gewerbesteuern zugelassen worden.

Die Ziffer 6 des § 7 stammt aus dem Abänderungsantrag von Runge und v. Hennig, Aktenstücke Nr. 78 zu den stenographischen Berichten über die Reichstagsverhandlungen von 1869, der in der zweiten Beratung des Gewerbeordnungs-Entwurfes vom 8. April 1869 angenommen wurde. v. Hennig führte zu seiner Begründung aus: „Konservieren Sie nicht die einzelnen Hindernisse des Wohlstandes und der Erwerbsfähigkeit des Volkes, sondern nehmen Sie dieselben hinweg."

Der Sinn der Ziffer 6 des § 7 ist sonach unzweifelhaft der, daß alle den Gewerbebetrieb irgendwie beschränkenden Ab-

---

*) Warenhaussteuer und Gewerbefreiheit, Fürth 1900, S. 5 ff. Vgl. auch F. Hoffmann, Die Gewerbeordnung, Berlin 1901, 2. A. S. 12.

gaben hinweggeräumt werden sollen — abgesehen von den zur Deckung der Gemeindebedürfnisse unerläßlichen Steuern. Eine Steuer, die gerade den entgegengesetzten Zweck, gewisse Betriebe zu beschränken oder zu erdrosseln, verfolgen sollte, würde demnach direkt gegen den Zweck und die Absichten des § 7 Ziff. 6 verstoßen.

Unter „Gewerbesteuern" versteht daher § 7⁶ ohne Frage nur solche direkten Steuern, die, entsprechend den übrigen Realsteuern und im richtigen Verhältnis zu ihnen, vom Gewerbebetriebe zur Deckung des finanziellen Bedarfes des Staates oder der Gemeinden*) erhoben werden. Steuern zu sozialpolitischen Zwecken, die nur dazu bestimmt sind, die Einkommen- und Konkurrenzverhältnisse gewisser Gewerbezweige in bestimmter Richtung zu regeln, sind im Sinne des § 7⁶ keine Gewerbesteuern, da dieser § 7⁶ umgekehrt gerade die Hindernisse und Schranken der Gewerbefreiheit hinwegräumen sollte und nur die finanziell durchaus notwendigen Gewerbesteuern bestehen lassen wollte.

Sollte der § 7⁶ jegliche unbillige, vom finanziellen Gesichtspunkte aus unnötige, und ungleichmäßige Belastung der Gewerbebetriebe und damit Erschwerung des Gewerbebetriebes verhüten, so sollten die §§ 51—54 und § 143 die Untersagung des Gewerbebetriebes, bezw. die Entziehung der Berechtigung zum Gewerbebetriebe regeln. Der § 143 Abs. 2 schreibt vor, daß in Steuergesetzen enthaltene Strafverbote nur so lange aufrecht erhalten bleiben sollen, als diese Steuergesetze in Kraft bleiben. Diese Strafverbote in Steuergesetzen sollten demnach, das war die Absicht des Gesetzgebers, nach und nach verschwinden. Implicite enthält der § 143 damit auch den Schutz der Gewerbebetriebe gegen die Unmöglichmachung von Gewerben durch die betr. Steuern selbst. Der ganze weitgehende Sinn des § 143 ist sonach unzweifelhaft der, daß später erlassene Steuergesetze nicht den Betrieb von Gewerben unmöglich machen dürfen, sei es durch Strafverbote, sei es durch die Höhe des Steuersatzes. Denn es hätte durchaus keinen Sinn, direkte Strafverbote in späteren Steuergesetzen auszuschließen, dagegen

*) Vgl. auch Seydel, Das Gewerbe-Polizeirecht, München 1881, S. 28.

das indirekte Verbot von Gewerben durch übermäßige Steuern zuzulassen.

Der § 134 Abs. 2 bildet sonach eine Ergänzung zu § 7[6], sodaß beide zusammengenommen in Übereinstimmung mit der ganzen Tendenz der Gewerbeordnung, sowohl die Belastung der Gewerbe mit anderen als nur durch das finanzielle Interesse gebotenen Gewerbesteuern, als auch das indirekte Verbot von Gewerben durch übermäßig hochgegriffene Gewerbesteuern untersagen. Gewerbesteuern nur oder in erster Linie zu sozialpolitischen Zwecken, zur Belastung gewisser Betriebe zu Gunsten anderer, sind hiernach völlig ausgeschlossen.

Es besteht denn auch in wissenschaftlichen*) wie Regierungskreisen fast Einstimmigkeit darüber, daß solche Steuern oder Auflagen, namentlich ungleichmäßige oder Sondersteuern, die den Fortbetrieb eines Gewerbes sehr erschweren oder gar ihn unmöglich machen würden, gegen die Reichsgewerbeordnung verstoßen und daher unzulässig sind. Denn durch § 1 der Reichsgewerbeordnung ist jedermann der Betrieb eines jeden Gewerbes gestattet — soweit die Reichsgewerbeordnung nicht selbst für die Zulassung oder die Ausübung des Gewerbes Schranken zieht. Und laut § 1 und § 143 der Reichsgewerbeordnung kann die Berechtigung zum Gewerbebetrieb, sowie die Art der Ausübung desselben weder durch Urteil der Gerichte noch auf dem Verwaltungswege entzogen bezw. verboten werden. Wenn nun aber der § 23 des bayrischen

*) Vocke, Die Grundzüge der Finanzwissenschaft, Leipzig 1894, S. 159.

J. Wernicke, Umsatzsteuer und Konsumvereine, Berlin 1898.

Walter Lotz, Die Reform der direkten Steuern in Bayern, München 1898.

Oeser, Die Besteuerung des Kleinhandels, 1899.

W. Sombart und Karl Rathgen, Verhandlungen des Vereins für Socialpolitik, 1899.

Stresemann in der Tübinger Zeitschrift für die gesamte Staatswissenschaft, 1900.

H. Cohn, Archiv für soziale Gesetzgebung und Statistik, 1900, S. 529 ff.

Jäh, Jahrbuch f. Gesetzgebung, Verwaltung und Volkswirtschaft, 1900, S. 293 ff.

Van der Borght, Jahrbücher für Nationalökonomie u. Statistik, 1900, S. 65 ff.

Biermer, Handwörterbuch der Staatswissenschaften, Art. Warenhäuser rc.

Gewerbesteuergesetzes vom 9. Juni 1899 nicht das Gewerbe an sich, sondern lediglich die Art der Ausübung des Betriebes mit einer auffällig abnormen Steuer belegt, die als Staatssteuer allein schon bis zu 3%, insgesamt aber mit den Kommunal-Zuschlägen bis 9% des Umsatzes geht, also in vielen Fällen weit mehr als den ganzen Ertrag wegnimmt, so dokumentiert sich diese Steuer als eine prohibitive, als eine unerfüllbare Bedingung*), die nach § 51 der Reichsgewerbeordnung aber unzulässig ist; sie kommt einem Verbote völlig gleich, weil sie ganze Betriebe oder Teile eines Betriebes, d. h. den Vertrieb aller jener Artikel, deren Nutzen nicht die Höhe der Steuer erreicht, unmöglich macht. Ein solches Verbot aber darf nach § 143 der Reichsgewerbeordnung ein später erlassenes Steuergesetz nicht enthalten, weder ein direktes noch ein indirektes durch die Höhe einer abnormalen Sonder-Polizeisteuer. Die Reichsgewerbeordnung schließt schon jede ungleiche polizeiliche oder steuerliche Behandlung der Gewerbe aus, wie vielmehr aber eine weitgehende, die einem Verbot gleichkommt!! — —

Hatten wir im Abschnitt I aus den allgemeinen Rechtsgrundlagen des modernen Staates, wie aus den allgemeinen staatsbürgerlichen Rechten und Pflichten den Grundsatz abgeleitet, daß der Staat kein Recht habe, zum Schutze irgend einer Klasse von Bürgern eine andere in ihrer Konkurrenzfähigkeit negativ zu schwächen, oder die Vermögens- oder Einkommensverteilung zu Gunsten einer Klasse auf Kosten einer anderen zu regeln, oder die ökonomischere Gestaltung des Wirtschaftslebens in ebensolcher Weise aufzuhalten, so hat der Abschnitt II mit völliger Evidenz erwiesen, daß die Reichsgewerbeordnung ihrer Entwicklung, Begründung und ihrem Wortlaut nach Steuern, die solche ebengenannten Zwecke verfolgen, völlig ausschließt, daß vielmehr nach der Gewerbeordnung alle Gewerbe möglichst wenig eingeschränkt und nur mit den finanziell notwendigen Steuern belastet werden dürfen, während jede andere Steuer, die, wie die Umsatzsteuern nur oder in erster Linie sozialpolitische Zwecke verfolgt, und darum bestimmte Gewerbe sehr stark, andere aber nur sehr schwach

*) Vgl. K. v. Rohrscheidt, Kommentar zur Reichsgewerbeordnung, zu § 51.

belasten wollte, der Absicht und dem Wortlaut der Gewerbeordnung durchaus zuwiderlaufen und daher **ungesetzlich** sein würde.

Wir sind uns wohl bewußt, daß wir hiermit keine neue bahnbrechenden Wahrheiten sagen, sondern nur den Geist der Gewerbeordnung und die gewerbepolitische Tradition, wie sie seit 1808 in Preußen und später im Norddeutschen Bund und dann im Deutschen Reich geherrscht hat, aufrecht erhalten und sie im echt konservativen Sinne gegen die neueren Häresien und Durchbrechungen verteidigen. Dasselbe sollten auch die Regierungen thun, die in erster Linie dazu berufen sind, die Träger und Pfleger der Tradition und die Hüter der gesetzgeberischen Errungenschaften und Fortschritte zu sein; man darf nicht in mutigem Zurückweichen vor dem reaktionären Ansturm der Vertreter veralteter und überlebter Wirtschaftsformen und Anschauungen sich zum Durchbrechen der Tradition und des Fortschrittes, ja zum Verstoß gegen den Wortlaut und den Geist und die Absicht der Reichsgewerbeordnung drängen lassen.

Die bösen Folgen werden nicht ausbleiben, wenn man nicht baldigst diese Gefahren erkennt und umkehrt und wieder einlenkt in die mit Mühe und Not von unseren Vorgängern errungenen, wohlbewährten Bahnen des Fortschritts, der Freiheit und der Gerechtigkeit.

III. Steuern und Auflagen; die Gewerbesteuern.

Die Steuern haben sich als eine Ergänzung zu den ursprünglichen Naturalleistungen (Lehensabgaben, Gerechtigkeiten) und Auflagen (namentlich Zöllen) zuerst in der Form der Bede, und in den Städten als allgemeine Beitragsleistungen der Bürger zu den Gemeindeausgaben (Herdsteuern, Kopfsteuern) entwickelt. Während sich die Auflagen, insbesondere die Zölle (fälschlich indirekte Steuern genannt) oder Accisen, Verbrauchsabgaben an die einzelne Sache und an die zufällige Erscheinung im Verkehr ohne Rücksicht auf die Person, welcher die Sache gehört, halten, erfaßt die Steuer*) die Gesamtheit der wirtschaftlichen Persönlichkeit nach ihrer Leistungsfähigkeit. Auflagen und Steuern sind daher in ihrem Wesen völlig verschieden und lassen sich nur unter den gemeinsamen Begriff „Staatseinnahmen" bringen. Während die Auflagen in der Regel indirekten Charakter zeigen, d. h. von dem, der sie zahlt, nur ausgelegt und durch Erhöhung der Preise auf die Konsumenten abgewälzt werden sollen, tragen die Steuern direkten Charakter, d. h. der Steuerzahler soll die Steuer auch tragen und sie nicht abwälzen. Es giebt also, wenn man den ursprünglichen und richtigen Steuerbegriff beibehält, keine indirekten Steuern, das wäre ein Widerspruch in sich selbst. Wollte man eine Abgabe auferlegen, z. B. auf ein einzelnes Gewerbe, oder nur auf einen Teil desselben, mit der Absicht, daß dadurch die betreffenden Preise erhöht werden, die Abgabe also abgewälzt werden soll, so würde diese Abgabe indirekten Charakter tragen und unter die indirekten Verbrauchsabgaben fallen. Sie wäre dann nicht eine Gewerbesteuer, auch wenn man sie mit

*) Vgl. Bocke, Die Abgaben, Auflagen und die Steuer. 1887. Derselbe: „Die Grundzüge der Finanzwissenschaft. Leipzig 1894.

diesem Namen belegte. Denn die Steuern sind direkte, persönliche verhältnismäßige Abgaben nach der Leistungsfähigkeit der betreffenden Person, und keine Abgabe kann als Steuer gelten, die nicht wenigstens die Absicht hat, auf die persönliche Leistungsfähigkeit (selbstverständlich im richtigen Verhältnis zu der der anderen Steuerpflichtigen) Rücksicht zu nehmen.*)

Die Steuern zerfallen in Personal-(Einkommen-)Steuer und Real- oder Ertrags-Steuern. Zu den Realsteuern gehört die Gewerbesteuer, als die besondere Ertragssteuer von den Gewerben. Diese trug in Preußen ursprünglich mehr den Charakter einer Gebühr (Konzessions-, Licenz-Abgabe).

Als solche nahm sie nicht oder nur wenig Rücksicht auf die wirtschaftliche Leistungsfähigkeit der einzelnen Gewerbetreibenden. Das war aber auch in früheren Zeiten, wo die große Masse der Gewerbetreibenden, wie überhaupt der Bevölkerung, in ziemlich gleichen Vermögensverhältnissen lebten — sogar eine Kopfsteuer wirkte deshalb in damaligen Zeiten im großen und ganzen noch nicht so außerordentlich ungerecht — nicht so notwendig wie später, als sich die Vermögens- und Einkommensverhältnisse sehr stark differenzierten. „Bei der späteren Entwicklung der Gewerbesteuer konnte daher gar keine andere Richtung eingehalten werden, als die zur Ertragssteuer führende, weil hier eine im Ertrage bestehende Leistungsfähigkeit, die kaum einen anderen Maßstab zuläßt als sich selbst, d. h. den Ertrag, sich mit Notwendigkeit aufdrängt.**)

Der eigentliche oder wirkliche Ertrag ist aber der Reinertrag.

„Die Real- oder Objekts- oder Ertragssteuer muß sich allmählich immer mehr zur Reinertragssteuer ausbilden, zur Einkommensteuer. Der Ertrag kann nicht Objekt der Besteuerung sein, sondern ist deren Maßstab.

Je mehr aber die Steuer dem Ziele der Gerechtigkeit und gleichzeitig der höchsten Ergiebigkeit zustrebt, desto mehr drängt sich das Subjekt vor, bezw. das Objekt verschwindet."***) Dann ist die Ertragssteuer mit der Einkommensteuer identisch geworden.

---

*) Vgl. Vocke a. a. O.

**) S. Vocke a. a. O. Ebenso auch Helferich in Schönbergs Handbuch der politischen Oekonomie, Allgemeine Steuerlehre, § 8, § 18 und A. Wagner ebendort § 12, § 23b, § 45, § 82.

***) Vgl. Vocke a. a. O.

Darin aber stimmen alle Steuer-Theoretiker, so z. B. A. Wagner, Helferich, Vocke, G. Schanz, von Heckel, wie auch Praktiker, so z. B. Burckhard,*) die Motive zum Preuß. Gewerbesteuergesetz von 1890/91, Fuisting**) überein, daß das Steuerobjekt oder, richtiger gesprochen, der Steuermaßstab der Gewerbesteuer der Ertrag, bezw. die Leistungsfähigkeit ist.

„Die Gewerbesteuer", sagt Burckhard, „bewegt sich zwischen einer Rohertragssteuer und einer Steuer vom mittleren und mutmaßlichen Ertrage bis zur Reinertragssteuer."

In der neuen Bayerischen Gesetzgebung wurde nach Burckhard der Übergang zur seinerzeitigen Einführung einer allgemeinen Einkommensteuer gesucht, die persönlichen Verhältnisse wurden darum nach Möglichkeit berücksichtigt.

Reichsrat von Maffei, der Kommissionsberichterstatter der bayerischen Reichsratskammer, äußerte sich am 18. Mai 1899 hierüber folgendermaßen:

„Ich stelle nun den prinzipiellen Antrag, die reine Ertragsteuer bei dem Gewerbe einzuführen. Ich bin mir der Tragweite dieses Antrages wohl bewußt, ich weiß, daß er eine völlige Umarbeitung des Gesetzes verlangt und daß in dieser Landtagsperiode die Verbescheidung dann nicht mehr möglich ist. Ich halte aber die Aufschiebung der Verbescheidung für kein Unglück. So wie das Gesetz nach der Vorlage sich zeigt, ist es durch die Einführung der Steuerausschüsse, deren Brauchbarkeit noch nicht erwiesen ist, nur schwerfälliger geworden. Die Besteuerung des Gewerbes nach dem Ertrag ist die einfachste und gerechteste."

Und der Finanzminister von Riedel bestätigte das, indem er in derselben Sitzung ausführte:

„Die Bewegung, die zu der Umarbeitung der Steuergesetze führte, hatte ihren Ursprung allerdings in dem Verlangen nach einer allgemeinen progressiven Einkommensteuer. In diesem hohen Hause aber wurde der Beschluß gefaßt, über den betreffenden Antrag der zweiten Kammer zur Tagesordnung überzugehen, da sich diese Steuerart für Bayern gegenwärtig nicht empfehle. Dagegen wurde anerkannt, daß die bestehenden Mängel auf dem Wege einer Revision

*) Artikel: Gewerbesteuer im Handbuch der Staatswissenschaften.

**) Das preußische Gewerbesteuergesetz, Berlin 1893, S. 24 ff.

beseitigt werden könnten und sollten. Man hat sich auch in dem nämlich daß man die leistungsfähigeren Schultern belasten, die schwächeren entlasten solle. Das ist im Gewerbsteuergesetz geschehen. Es wurde verlangt, es sei von der königlichen Staatsregierung bei der Revision der Gewerbsteuer die thunlichste Einführung der Besteuerung nach dem Ertrage, jedoch unter Beibehaltung der festen Sätze für die Minderleistungsfähigen vorzunehmen. Der Entwurf schlägt auch thatsächlich für alle großen Gewerbe die Besteuerung nach dem Ertrage vor."

Nur die sog. „hassenswerten" Gewerbe, die Warenhäuser und die Großmühlen, wurden von diesem allgemeinen Grundsatze ausgenommen und mit einer Sonder-Ausnahme-Umsatzsteuer belegt, die ausgesprochen prohibitive Zwecke verfolgte.

Bei der neuen preußischen Gewerbesteuer-Reform Anfang der neunziger Jahre war ausgesprochenermaßen das Ziel eine gleichmäßige Ertragsbesteuerung.

In der Begründung des Entwurfes des Einkommensteuergesetzes (Nr. 5 der Drucksachen 1890/91) hieß es:

„Die Staatsregierung legt Wert darauf, daß ihr die Umstände gestatten, bei ihren Reformvorschlägen lediglich von der Absicht einer gerechteren, den gegenwärtigen Verhältnissen angepaßten und bezüglich der Leistungsfähigkeit der Steuerpflichtigen in höherem Maße entsprechenden Verteilung der direkten Steuerlast leiten zu lassen.

Die Einkommensteuer soll zum wesentlichen Träger der direkten Besteuerung gestaltet werden."

Und in der Begründung des Gewerbesteuer-Gesetzentwurfes (Nr. 13 der Drucksachen 1890/91) wurde ausgeführt:

„Das Süddeutsche Tarif-System wurde nicht gewählt, weil es den wirklichen Ertrag nicht erfassen kann. Der Entwurf will zu der beabsichtigten Besteuerung des Ertrags nicht mehr auf den bisher betretenen Umwegen gelangen, sondern den direkten Weg einschlagen (und zwar auf Grundlage der Einkommensteuer-Deklarationen).

Fortan bildet allgemein der gewerbliche Ertrag an erster, das Anlage- und Betriebskapital an zweiter Stelle die Grundlage der Steuerbemessung. Den Maßstab der Steuerverteilung im einzelnen bilden nicht mehr Betriebsumfang, äußere Merkmale des

Grundsatz geeinigt, nach dem die Revision vorgenommen werden sollte, Betriebes und beliebige Rücksichten aller Art, sondern ausschließlich der Ertrag."

„Das preußische System der direkten Steuern ist ein aus der Personalsteuer (Einkommensteuer) und aus Ertragssteuern (Objekt-Realsteuern) zusammengesetztes System." „Mit der Ertragssteuer sollen die Erträge der gütererzeugenden Quellen, bevor sie sich zu Einkommen ihres Inhabers gestalten, an ihrem Ursprunge besteuert werden. Zu den Voraussetzungen eines richtig gestalteten Ertragssteuersystems gehören Vollständigkeit und harmonische Ausgleichung (Verhältnismäßigkeit) seiner Glieder." — —

Es unterliegt sonach nicht dem geringsten Zweifel, daß nach der allgemeinen Überzeugung aller maßgebenden Kreise die Fortbildung der Gewerbesteuer zu einer Rein-Ertragssteuer eine innere Notwendigkeit war, die durch die ganze wirtschaftliche Entwicklung bedingt war. Hatte früher bei den einfacheren und wenig differenzierten Verhältnissen eine Klassifizierung der Gewerbe nach äußeren Merkmalen genügt, um eine einigermaßen gleichmäßige Gewerbesteuer aufzulegen, so reichte bei dem gewaltigen Anwachsen vieler Betriebe und der Differenzierung der Betriebszweige der alte Besteuerungsmodus nicht mehr aus. Die äußeren Merkmale ließen vielfach keinen annähernd sicheren Rückschluß auf die Ertragsfähigkeit zu; die Umbildung der alten Gewerbeklassensteuer zur Ertragssteuer war daher nur eine Frage der Zeit, wollte man das Prinzip der Gerechtigkeit, der Gleichmäßigkeit der Besteuerung nicht nur nicht aufrecht erhalten, sondern vielmehr noch schärfer und weitgehender als bisher durchführen. Und das ist, wie man anerkennen muß, nach Kräften geschehen. Der ganzen modernen Steuerentwicklung bis in die neunziger Jahre hat das Prinzip der gleichmäßigen und gerechten Steuerverteilung zu Grunde gelegen. — —

Dem gegenüber stellt die Umsatzbesteuerungsbewegung der „Mittelstandspolitiker" und ihre teilweisen Erfolge in Sachsen, Bayern und Preußen einen ganz ungeheuren Rückschritt von unabsehbarer Tragweite dar. Es war eine völlige Durchkreuzung und Umbiegung der bisherigen und zu Recht bestehenden Steuerprinzipien und -Entwicklung, ein völliger Schlag ins Gesicht der bestehenden oder im Entwicklungsflusse begriffenen Gewerbe- und Steuergesetzgebung ein Herabsteigen von schon erreichten höheren Formen zu einer niedrigeren „roheren" Form, die keine Rücksicht auf den wirklichen Ertrag nimmt, sondern nur die eine Absicht verfolgt, einige Stärkere zu Gunsten der Kleineren zu schwächen oder ganz tot zu machen.

„Gewerbesteuern" sind das aber nicht.

Wenn der Entwicklung der Gewerbesteuer zu einer Ertragssteuer gegenüber das preußische Kommunalabgabengesetz vom 14. Juli 1893*) im § 29 anscheinend wieder eine Bemessung der — besonderen — Gewerbesteuer nach sonstigen Merkmalen für den Umfang des Betriebes" zuläßt, so müßte man dieses Zurückgreifen auf den früheren Zustand als großen Rückschritt sehr bedauern, falls der § 29 das wirklich gewollt hätte. Das ist aber u. E. keineswegs der Fall.

Die Einführung besonderer Gewerbesteuern ist den Gemeinden nachgelassen, wie es in den Motiven zu § 29 (Entwurf § 24) heißt,

---

*) Die §§ 20, 29 und 31 lauten:

§ 20. „Die direkten Gemeindesteuern sind auf alle der Besteuerung unterworfenen Pflichtigen nach festen und gleichmäßigen Grundsätzen zu verteilen. Handelt es sich um Veranstaltungen, welche in besonders hervorragendem oder geringem Maße einem Teile des Gemeindebezirkes oder einer Klasse von Gemeindeangehörigen zu statten kommen, und werden Beiträge nach §§ 9 und 10 nicht erhoben, so kann die Gemeinde eine entsprechende Mehr- oder Minderbelastung dieses Teiles des Gemeindebezirkes oder dieser Klasse von Gemeindeangehörigen beschließen. Bei der Abmessung der Mehr- oder Minderbelastung ist namentlich der zur Herstellung und Unterhaltung der Veranstaltungen erforderliche Bedarf nach Abzug des etwaigen Ertrages in Betracht zu ziehen. Der Beschluß bedarf der Genehmigung."

§ 29. „Den Gemeinden ist die Einführung besonderer Gewerbesteuern gestattet. Die Gewerbesteuern können namentlich bemessen werden nach dem Ertrage des letzten Jahres oder einer Reihe von Jahren, nach dem Werte des Anlagekapitals oder des Anlage- und Betriebskapitals, nach sonstigen Merkmalen für den Umfang des Betriebes oder nach einer Verbindung mehrerer dieser Maßstäbe."

§ 31. „Eine verschiedene Abstufung der Gewerbesteuersätze und Prozente ist zulässig, wenn 1. die einzelnen Gewerbearten in verschiedenem Maße von den Veranstaltungen der Gemeinde Vorteil ziehen oder der Gemeinde Kosten verursachen, und soweit die Ausgleichung nicht nach §§ 4, 9, 10 oder 20 erfolgt, 2. wenn die gewerblichen Gebäude in stärkerem Verhältnis zur Gebäudesteuer herangezogen werden, als es auf Grundlage der staatlichen Gebäudesteuer der Fall sein würde, oder wenn die gewerblich benutzten Räume einer Mietssteuer unterliegen."

mit Rücksicht auf besondere Vorteile aus gewissen Gemeindeeinrichtungen für einzelne Gewerbearbeiten, oder auf besondere Lasten, die dem Verbande daraus erwachsen. Die hiervon betroffenen Gewerbearten (§ 31) können entweder mit höheren Steuersätzen oder mit höheren Prozenten herangezogen werden. Abgesehen aber von solchen Fällen darf das Prinzip der Allgemeinheit und der Gleichmäßigkeit (Verhältnismäßigkeit und Leistungsfähigkeit) nicht außer acht gelassen werden.*)

In den Motiven und auch in den Debatten im Abgeordnetenhause, war die Einführung besonderer Gewerbesteuern nur als eine Art Ergänzung zu der regelmäßigen Grundlage der staatlichen Gewerbesteuer gedacht. Im Laufe der Zeit aber scheint sich die Ansicht der Regierung, wie aus den Äußerungen der Vertreter derselben bei den Umsatzsteuerdebatten hervorging und durch die Denkschrift des Preußischen Finanz-Ministers zu den Mustern einer Gewerbesteuerordnung vom 21. Juni 1897, Ministerial-Blatt 1897, S. 150ff. bestätigt wird, dahin geändert zu haben, daß sie die Einführung der besonderen Gewerbesteuern als die Regel wünschen.

Nach den Motiven würde es aber nicht zulässig sein, von einzelnen Gewerbesteuerklassen besondere Gewerbesteuern zu erheben, da nach den Motiven solche nur mit Rücksicht auf besondere Vorteile von Gewerbearten, oder besondere Lasten der Gemeinden zugelassen sein sollen. Das bestätigte auch in der Sitzung des Abgeordnetenhauses vom 25. April 1893 der Regierungsvertreter Geh. Ober-Regierungsrat Nöll, indem er ausführte, daß für die kommunalen Gewerbesteuern 1. die Lasten für die Gemeinde durch einzelne Betriebe, 2. die Vorteile der letzteren aus den besonderen Einrichtungen in Betracht kommen. Trotzdem aber erklärte er noch in derselben Sitzung, daß z. B. für die Betriebe der höheren Gewerbesteuerklassen eine besondere Gewerbesteuer veranlagt werden könne — auch in seinem Kommentar zum Kommunalabgabengesetz äußert er dieselbe Ansicht —, obwohl das doch nach den Motiven und seiner ersten Erklärung nur der Fall sein könnte, wenn diese ganze Klasse irgend welche besondere Vorteile genösse und besondere Kosten verursachen würde. Es kann demnach der Ansicht, daß für

---

*) Vgl. Wernicke a. a. O. S. 31.

ganze Gewerbesteuerklassen besondere Gewerbesteuern eingeführt werden können, nicht beigetreten werden.

Der Berichterstatter der Kommission, Dr. Würmling trat denn auch sofort diesen Anschauungen entgegen, indem er konstatierte, daß die Auffassung der Kommission eine andere gewesen sei als die des Staatskommissars; die besondere Gewerbesteuer sollte nach der Absicht der Kommission nur im Falle des § 31 veranlagt werden.

Und die Ansicht und Absicht der Kommission ist stets die maßgebende, wenn sie durch das Plenum nicht rektifiziert wird.

Aus diesen Erörterungen, wie auch aus der Fassung der §§ 29, 31, 32 geht unzweifelhaft hervor, daß die Sondergewerbesteuern als eine Art der Gewerbesteuern gedacht und gewollt sind, d. h. als Steuern vom Ertrage der Gewerbe. Gewerbesteuern müssen Ertragssteuern sein. Die Sondergewerbesteuern sind den Gemeinden freigegeben, um einen der Sachlage entsprechenden höheren Entgelt für besondere Vorteile von Gemeindeveranstaltungen oder den Gemeinden verursachte besondere Lasten zu ermöglichen. Eine richtige Abmessung des Entgelts nach dem Umsatze der betr. Gewerbe würde aber nicht möglich und auch nicht gerecht sein. Ferner geht aus dem Umstande, daß die §§ 54—56 auch auf die Sondergewerbesteuern Anwendung finden sollen, klar hervor, daß die Sondergewerbesteuern als Ertragssteuern gedacht sind, da sonst eine Vergleichung derselben mit den anderen Realsteuern nicht möglich wäre. Schließlich bietet der § 29 selbst nicht die geringste Handhabe dafür, daß ein anderer Steuermaßstab als der Ertrag bei der Sondergewerbesteuer gewollt worden ist. Die alte preußische Gewerbesteuer wurde nach dem Betriebsumfange nnd den Merkmalen für den Betrieb erhoben, war aber eine Ertragssteuer. Wenn das Kommunalabgabengesetz im § 29 auch diese alte Veranlagungsart zugelassen hat, so sollte damit der Charakter der Gewerbe-, der Ertragssteuer nicht aufgegeben werden. Der Betriebsumfang sollte nur als ein einen Rückschluß auf den Ertrag zulassendes Merkmal gelten.*) Der Wortlaut und die Vorschriften der §§ 20 und 31 sind aber so allgemein gehalten, daß Willkürlichkeiten oder abweichende Auffassungen nicht ausgeschlossen sind. Darum hatte der Abgeordnete Engels zum § 29

*) Vgl. Wernicke a. a. O. S. 36.

folgenden Antrag eingebracht: „Diese Steuern sind auf sämtliche Gewerbebetriebe, welche nach § 28 der Gemeindebesteuerung unterliegen, nach gleichen Normen und Sätzen zu verteilen“, der in der Sitzung von 25. April 1893 beraten wurde. Der Kommissionsberichterstatter Dr. Würmling erwiderte darauf, daß der § 20 bereits die Willkür in der Bemessung der Gewerbesteuern ausschließe. Darnach also ist der § 20 sowohl für die Frage, in welchen Fällen besondere Gewerbesteuern zulässig, als auch für die, in welcher Höhe sie zu erheben sind, maßgebend. In letzterer Beziehung sollen aber die besonderen Vorteile oder Kosten den Maßstab bilden.

Der Finanzminister äußerte bei der Beratung des § 29 (24 des Entwurfs), daß dem hier wie bei den anderen Realsteuern möglichen Mißbrauch der Freiheit (bei der Veranlagung) die Genehmigung der Aufsichtsbehörde vorbeuge.

Demnach hat aber auch die Aufsichtsbehörde die Pflicht, solchen besonderen Gemeindesteuern, die die Absicht der Prohibition und Strangulation an dem Kopf tragen, die Genehmigung zu versagen.

Und in der obenerwähnten Denkschrift an die Gemeinden rät ihnen der Finanzminister, das Anlage- und Betriebskapital mehr heranzuziehen, die Zahl der beschäftigten Personen, den Nutzungswert der benutzten Räume „in Verbindung mit dem Ertrage“ mit zu verwerten.

Auch hier tritt uns also die Ansicht des Finanzministers entgegen, daß alle diese Momente nur eine Ergänzung zur Ertragsbesteuerung sein sollen, daß der Ertrag immer den Mittelpunkt und die Grundlage der Gewerbesteuern bleiben müsse. — —

Sonach gehören die Umsatzsteuern nicht zu den Sondergewerbesteuern des Pr. K.A.G., sie sind vielmehr nach dem Wortlaut und der Absicht dieses Gesetzes unzulässig.

Wenn das Reichsgericht in der Entscheidung vom 17. September 1900 den Charakter einer „Gewerbesteuer“ darin findet, daß sie an den Betrieb eines Gewerbes geknüpft ist, und dem sozialpolitischen Zwecke sowie der Höhe der Steuer wenig Bedeutung beilegt, weil sie deswegen doch immer eine Steuer bleibe, d. h. eine Abgabe zur Beschaffung neuer Mittel für neuentstehende öffentliche Ausgaben, — so sind diese Ausführungen nicht zutreffend.

Dadurch, daß eine Steuer oder Abgabe an ein Gewerbe geknüpft ist, wird sie bei weitem noch nicht das, was man allgemein — die

Reichsgewerbeordnung, die Steuergesetze, die Wissenschaft — unter einer „Gewerbesteuer" versteht.

Der von der Wissenschaft und Praxis herausgebildete und allgemein angenommene Begriff der Gewerbesteuer ist der einer direkten von dem Steuerzahler zu tragenden Abgabe von dem Ertrage eines Gewerbes als verhältnismäßige Beisteuer zu den öffentlichen Lasten, sei es, daß die Abgabe unmittelbar nach dem Ertrage bezw. der durchschnittlichen Ertragsfähigkeit, oder aber mittelbar nach bestimmten äußeren Merkmalen, die auf einen gewissen Ertrag schließen lassen, bemessen wird.

Danach fallen nicht unter den Begriff „Gewerbesteuer", auch wenn sie an den Betrieb eines Gewerbes geknüpft sind:

1. Konzessionsabgaben, Lizenzen, die der § 7[6] der Reichsgewerbeordnung beseitigt hat. Es würde demnach auch die preußische Gewerbesteuer in ihrem Anfange, die, wie bereits oben bemerkt, den Charakter einer Lizenz trug, heute nicht mehr unter die Gewerbesteuern im steuer-technischen und -rechtlichen Sinne zu rechnen sein.

2. Indirekte Verbrauchsabgaben wie die vom Zucker, Branntwein, Bier, die Zölle, die frühere Mahl- und Schlachtsteuer. Diese sind zwar auch an ein Gewerbe geknüpft, sind aber indirekte Abgaben und sind als solche dazu bestimmt, von den Gewerbetreibenden nur verauslagt und auf ihre Abnehmer durch Aufschlag der Steuer auf den Preis der Waren abgewälzt zu werden.

3. Sämtliche anderen Auflagen auf den Gewerbebetrieb, die nicht Rücksicht auf die Ertragsfähigkeit nehmen und nicht einen verhältnismäßigen Beitrag der Gewerbetreibenden zu den öffentlichen Lasten darstellen, sondern irgend welche anderen Zwecke, z. B. sozialpolitische, verfolgen, wie Beiträge zu den Krankenkassen, zur Unfallversicherung und zur Alters- und Invalidenversicherung.

Die Entscheidung des Reichsgerichts nimmt auf diese für den Charakter der Gewerbesteuer wesentlichen Punkte nicht Rücksicht und hält sich nur an ein äußeres Merkmal, das aber, wie wir sehen, hierfür nicht verwertbar ist. Als eine Gewerbesteuer kann sonach nur eine solche Steuer anerkannt werden, die von den Gewerbetreibenden als ihr im Vergleich zu den übrigen Realitätenbesitzern verhältnismäßiger Beitrag zu den öffentlichen Lasten aus ihrem Ertrage, entsprechend ihrer Leistungsfähigkeit, erhoben wird.

Wenn man sich demgegenüber darauf beruft, daß es auch angesehene Vertreter der Finanzwissenschaft gibt, z. B. A. Wagner, die den Steuern auch einen sozialpolitischen Zweck zugestehen wollen, so darf man die Vertreter dieser Richtung nicht mißverstehen.

A. Wagner sagt in Schönbergs Handbuch, 4. A. B. S. III. § 20 und § 28a ausdrücklich, daß er unter sozialer Steuerpolitik nur eine Ausgleichung der Leistungsfähigkeit durch einen progressiven oder degressiven Steuerfuß verstehe, er will nur eine richtigere und gerechtere Verteilung der Steuern.

Wagner verlangt dort nur, daß, wenn Steuern auferlegt werden, man dabei gerecht verfahren und die einzelnen Steuerpflichtigen nach ihrer Leistungsfähigkeit heranziehen solle. Er ist aber weit entfernt davon, für Steuern einzutreten, die nur oder in erster Linie sozialpolitische Zwecke verfolgen wollen, noch dazu, wenn man dabei ein „rohes Verfahren" (§ 82) einschlagen wollte.

In diesem Sinne, daß die Steuern, zum mindesten als System, auch sozialpolitisch richtig angelegt werden, d. h. die einzelnen Steuerpflichtigen nach ihrer Leistungsfähigkeit besteuert werden, treten heute wohl alle Sozialpolitiker ein, während der alleinige oder vorwiegende sozialpolitische Zweck der Steuern von allen perhorresziert wird.

Vocke*) z. B. nennt einen solchen sozialpolitischen Steuerzweck gefährlich, da er alle anderen Steuergrundsätze überwuchern würde; unnötig, denn der Grundsatz der Bemessung nach der Leistungsfähigkeit reiche vollkommen für progressive Besteuerung aus. Es würde sonst jeder Ausbeutung der Besitzenden der Weg offen stehen. Der oberste Grundsatz der Besteuerung sei und müsse bleiben:

die Sittlichkeit, Gerechtigkeit (d. h. die im Recht ausgedrückte Sittlichkeit), die Leistungsfähigkeit, Verhältnismäßigkeit. —

Wenn somit nach § 7[6] der Reichsgewerbeordnung vom Gewerbe als solchem nur noch Gewerbesteuern erhoben werden können; wenn weiter unter Gewerbesteuern nur solche Steuern zu verstehen sind, die nach dem Ertrage und dem Grundsatze der Allgemeinheit und Gleichmäßigkeit — in den Gemeinden ev. auch entsprechend den besonderen Vorteilen oder Lasten — auferlegt werden, wenn insbesondere der Begriff „Gewerbesteuer" jede nur zu prohibitiven

*) Die Grundzüge der Finanzwissenschaft, Leipzig 1894 S. 159.

Zwecken erfolgte sozialpolitische Abgabe und der Grundsatz der Gleichmäßigkeit und Allgemeinheit jede Ausnahme — Sondersteuer — ausschließt, so ist damit der Sonder-Umsatzsteuer das Urteil gesprochen, zumal wenn ihre Höhe einem Verbot gewisser Gewerbebetriebe oder Branchen gleichkommt.

Eine sog. Sondergewerbesteuer, die sich nicht bezüglich ihrer Veranlagungsart und ihrer Höhe vollständig in den Rahmen der bestehenden Gewerbesteuergesetzgebung einfügt und der Absicht und dem Geiste der Reichsgewerbeordnung, die eine gleichmäßige polizeiliche und steuerliche Behandlung der Gewerbe im ganzen Deutschen Reiche voraussetzt, widerspricht, entbehrt der rechtlichen Grundlagen, ist ungesetzlich, auch wenn sie von der Landesgesetzgebung eines Bundesstaates eingeführt sein sollte, — solange eben noch Reichsrecht vor Landesrecht geht.

IV. Die Umsatzsteuer, ihr Zweck, ihre Wirkungen, ihr Charakter, ihre rechtliche Unzulässigkeit.

Über den Zweck, den man mit der Umsatzsteuer verfolgt, kann keine Meinungsverschiedenheit bestehen. Ihre Väter haben an Deutlichkeit nichts zu wünschen übrig gelassen.

Die Extremeren wollten durch diese Steuer die Weiterexistenz gewisser Gewerbebetriebe unmöglich machen und damit die unbequeme Konkurrenz derselben beseitigen.

So hat beispielsweise am 15. Oktober 1895 in der 2. Bayerischen Kammer der Abgeordnete Lutz, der u. W. auf die Ehre Anspruch erheben darf, den Erstlings-Antrag auf Einführung einer Umsatzsteuer eingereicht zu haben, wörtlich gesagt: „Wir müssen eine unverschämte Steuer anwenden, die Leute dürfen nicht kommen und sagen, die Steuer können wir nicht bezahlen, wir wollen ja, daß sie aufhören, infolgedessen müssen wir ihnen die Steuer auferlegen, die sie nicht mehr bezahlen können."

Auch der Abgeordnete Rören äußerte sich bei der ersten Beratung des preußischen Warenhaussteuergesetzes im Preußischen Landtage am 26. Februar 1900 in ähnlichem Sinne.

Der Abgeordnete von Brockhausen, der im Preußischen Abgeordnetenhause die Warenhaussteuer am 14. April 1896 zur Verhandlung brachte, wollte „die Auswüchse des Großkapitals" thunlichst beschränken. Man wollte den Mittelstand vor dem Untergange bewahren, indem durch diese Steuer die größere Leistungsfähigkeit der Warenhäuser und ihr Vorsprung vor den kleineren Detaillisten ausgeglichen werden sollte.

Dr. Pichler verstieg sich in der Sitzung des XVI. Ausschusses des Bayerischen Abgeordnetenhauses am 23. November 1898 sogar zu der Behauptung, daß von der richtigen Gestaltung der (Umsatz-)Steuer die Existenz des ganzen Mittelstandes abhänge!

Auch der Gesichtspunkt spielte bei manchen Freunden der Umsatzsteuer eine Rolle, daß infolge der Verdrängung oder Schwächung der Detaillisten durch wenige Großbetriebe der Staat oder die Gemeinden einen Ausfall an Steuern erlitten und daher dieser Ausfall durch höhere Besteuerung der betr. Gewerbebetriebe wieder hereingebracht werden müßte. In Wahrheit ist aber, wie die Gewerbestatistik klar erwiesen hat, keineswegs eine Verdrängung der Detailgeschäfte eingetreten. Vielmehr haben diese eine außerordentlich starke Vermehrung erfahren und machen sich selbst untereinander die stärkste Konkurrenz. Die meisten Befürworter der Umsatzsteuer, insbesondere auch der Finanzminister von Miquel, der sich erst spät für diese „rohe" Steuerreform erwärmen konnte und noch am 19. April 1898 im Preußischen Abgeordnetenhause davor gewarnt hatte, den Weg der Gerechtigkeit und Gleichmäßigkeit zu verlassen und willkürlich nach den zeitweilig herrschenden socialen Anschauungen Steuern zu erfinden, da diejenigen, die derartige Dinge in einer unvorsichtigen Weise vorschlagen, sich leicht selbst den Strick, an dem sie auch erhängt würden, drehten, — waren sich der Tragweite und Gefährlichkeit dieses die bisherige Steuerentwicklung völlig durchbrechenden und sie auf eine sehr tiefe Stufe zurückschraubenden Steuer-Experiments wohl bewußt.

Der Finanzminister von Miquel und der Generalsteuerdirektor Burghart warnten wiederholt vor Übertreibungen, da die Reichsgesetzgebung solche nicht zulasse. Daß die preußische Regierung der Umsatzsteuer sehr lange sehr skeptisch gegenüberstand, geht mit großer Deutlichkeit aus ihrer Begründung des Warenhaus-steuer-Gesetzentwurfes hervor.

Es heißt darin, die Unterdrückung der Warenhäuser auf dem Wege der Besteuerung liege nach dem Stande der Reichsgesetzgebung außerhalb der Macht und der Zuständigkeit der Gesetzgebung der einzelnen Bundesstaaten, sie verbiete sich durch die Rücksicht auf die Konsumenten und liege auch weit ab von jeder rationellen Steuerpolitik, die eine gerechte Besteuerung nach dem Verhältnis der Leistungsfähigkeit und ihres Interesses an den Veranstaltungen der Gemeinden durchzuführen habe. Der erste

Warenhaussteuer-Entwurf habe von der Umsatzsteuer aus mannigfachen Bedenken abgesehen.

„Das Verhältnis des Umsatzes zum Reinertrage ist notorisch je nach der Art der Waren und anderen Modalitäten ein sehr verschiedenes und hängt keineswegs von dem Willen des Gewerbetreibenden ab. Es ist durchaus irrig, etwa anzunehmen, daß nur die von den kleinen nnd mittleren Detaillisten bekämpften Großbazare das Prinzip „Großer Umsatz, kleiner Nutzen" ausschließlich oder überwiegend befolgen. Dasselbe wird ebenso auch von großen Spezialgeschäften, an deren Bekämpfung man nicht denkt, beobachtet. Die Besteuerung nach dem Umsatz birgt daher auch bei Beschränkung auf den Kleinhandel die Gefahr in sich, äußerst ungleichmäßig zu wirken. — Dazu kommt, daß gerade die weniger soliden Betriebe leichter als die soliden Spezialgeschäfte in der Lage und geneigt sein dürften, vermöge Ausdehnung auf immer mehr Warengruppen oder durch noch weitere Herabdrückung der Preise die Umsatzsteuer wieder einzubringen. Andererseits können die betroffenen Geschäfte zum Schaden der Konsumenten und der für den Zwischenhandel arbeitenden Produzenten dazu übergehen, mit geringem Umsatz einen möglichst hohen Gewinn zu erzielen zu suchen. Und hierin würden ihnen die umsatzsteuerfreien Betriebe folgen, sodaß den Schaden die konsumierende Mehrheit der Bevölkerung in Gestalt von Preissteigerungen hätte.

Endlich ist die Ermittlung des Umsatzes, da für dessen Schätzung weder das Einkommen noch der Ertrag noch endlich äußere Merkmale einen hinreichenden Anhalt bieten, ohne eine Verpflichtung der Steuerpflichtigen zur Abgabe von Steuererklärungen nicht durchführbar. Die Staatsregierung hegte den Wunsch, eine solche den Steuerpflichtigen zu ersparen."

„Gegenüber derartigen Wahrnehmungen über die Bewährung der äußeren Merkmale kann es nicht ratsam sein, zu ihren Gunsten die im allgemeinen bewährte Grundlage des Ertrages zu verlassen. Anders liegt die Sache, wenn es sich um die statutarische Regelung der Gewerbesteuer für die engeren Verhältnisse einer einzelnen Gemeinde oder auch die Spezialbesteuerung eines einzelnen Gewerbszweiges, wie des Kleinhandels, handelt: in solchen Fällen sind die äußeren Merkmale mit Nutzen zu verwerten."

„Wenn die Staatsregierung nunmehr trotz der unzweifelhaft gegen die sogenannte Umsatzsteuer obwaltenden mannigfachen Bedenken der verfassungsmäßigen Beschlußfassung des Landtages einen Gesetzentwurf unterbreitet, der eine Sonderbesteuerung der größeren, mehrere Warengattungen führenden Kleinhandelsbetriebe nach dem Maßstabe ihres Jahresumsatzes und mit nach diesen steigenden Sätzen vorschlägt, so geschieht das, weil sie aus der Aufnahme ihres früheren Entwurfes und aus den Verhandlungen des Abgeordnetenhauses die Überzeugung gewonnen hat, daß eine auf einer anderen Grundlage als der des Umsatzes aufgebaute Warenhaussteuer kaum Aussicht hat, eine Mehrheit im Abgeordnetenhause auf sich zu vereinigen. Dasjenige aber, was das alleinige Ziel eines steuerlichen Vorgehens sein kann, eine der Leistungsfähigkeit und dem Interesse an den Gemeinde-Veranstaltungen entsprechende Verfassung der großen Warenhäuser ꝛc., läßt sich auch auf dem Wege der Umsatzsteuer, sofern deren Sätze das richtige Maß einhalten, erreichen.

Mitbestimmend war für die Staatsregierung auch das Vorgehen einzelner anderer Bundesstaaten."

Dann wird vor der Ausdehnung der Umsatzsteuer auf die Spezialgeschäfte und andere Gewerbebetriebe gewarnt.

„Es bedarf keiner weiteren Ausführung, daß unser Wirtschaftsleben eine solche Belastung des Großbetriebes nicht zu ertragen vermöchte. Schon die durch Einführung einer Umsatzsteuer auf Spezialgeschäfte im Kleinhandel wachgerufene Besorgnis vor einer gleichen Maßnahme auf anderen Gebieten würde lähmend auf Handel und Verkehr wirken und die Konkurrenzfähigkeit auf dem Weltmarkt gefährden. Auch abgesehen von diesen Konsequenzen müßte die Umsatzsteuer in ihrer Anwendung auf Spezialgeschäfte auf diese geradezu unerträglich wirken. Wie schon oben erwähnt, ist es einer ihrer größten Mängel, daß sie die einzelnen Branchen verschieden trifft, je nachdem in der einen ein größerer, in der anderen ein geringerer Prozentsatz des Umsatzes als Ertrag verbleibt. Beschränkt sich die Steuer auf die Geschäfte, die mehr als eine von genügend weit gegriffenen Warengruppen führen, so tritt jener Mangel zurück, weil sich der als Nutzen verbleibende geringe Prozentsatz des Umsatzes in der einen Gruppe mit dem höheren in der anderen mehr oder weniger ausgleichen kann."

„Ebenso würde auf eine Erhöhung des Steuersatzes über die Vorschläge des Entwurfs nicht einzugehen sein. Eine Steuer von mehr als 2 Prozent des Umsatzes oder 30 Prozent des Ertrages würde mindestens gegenüber manchen Betrieben den Charakter einer unstatthaften Prohibitivsteuer annehmen können, und dagegen, eine solche zu wollen, haben sich bisher sowohl die Redner im Landtage als auch die Wortführer der Kleingewerbetreibenden nachdrücklich verwahrt. Insbesondere kann auch gegenüber einer bis 3 Prozent des Umsatzes steigenden Steuer ihre Beschränkung auf einen gewissen Prozentsatz des Ertrages nicht entbehrt werden, um nicht in den steuerpflichtigen Betrieben die Führung solcher Branchen, an denen ein weniger hoher Pozentsatz des Umsatzes verdient wird, zur Unmöglichkeit zu machen und insoweit daher doch zu einer Prohibitivsteuer zu gelangen. Wenn Bayern mit seiner Steuer bis zu 3 Prozent des Umsatzes geht und sie auf einen gewissen Prozentsatz des Ertrages nicht beschränkt, so ist dafür dort die Bemessung des Steuersatzes ganz in das Ermessen der Veranlagungsorgane gestellt, eine Maßnahme, deren Nachahmung in Preußen nach den herkömmlichen Anschauungen und im Interesse eines Rechtsschutzes gegen Überbürdungen nicht angängig ist.

Wenn man den in den verschiedenen Branchen üblichen Nutzen am Umsatz berücksichtigt, über den freilich leider statistisches Material fehlt, so wird man zugeben müssen, daß die Grenze bei 2 Prozent des Umsatzes und 30 Prozent des Betrages schon reichlich hoch gegriffen ist und eine weitere Erhöhung nicht verträgt." — —

Eine derartige Begründung (!) eines Gesetzentwurfes dürfte wohl zu den äußersten Seltenheiten gehören, denn sie spricht weit mehr gegen als für den Entwurf und führt die Idee der Umsatzsteuer geradezu ad absurdum. Es ist ein ziemlich vollständiges Verzeichnis von Gründen gegen die Umsatzsteuer, so:

1. Nehme die USt. keine Rücksicht auf den Reinertrag und wirke daher äußerst ungleichmäßig, was aber die Verfasser der Begründung nicht abhält, an späterer Stelle gerade das Umgekehrte zu behaupten.

2. Sie werde entweder zur weiteren Ausdehnung der Warenhäuser und Herabdrückung der Preise oder umgekehrt zur Einschränkung der Betriebe und Verteuerung der Waren führen.

3. Die Gefahr der Ausdehnung der Umsatzsteuer auf die großen Spezialgeschäfte und alle Großbetriebe liege nahe, was große Gefahren in sich berge, z. B. unsere Konkurrenz auf dem Weltmarkte gefährden werde.

4. Sie trifft die einzelnen Branchen verschieden je nach dem Umsatzverdienst bei ihnen.

5. Eine Steuer von 2 % des Umsatzes sei schon reichlich hoch gegriffen, und eine solche von mehr als 2 % würde den Charakter einer unstatthaften Prohibitivsteuer annehmen können.

6. Eine Veranlagung nur nach dem Ermessen der Veranlagungsorgane, wie in Bayern, würde keinen Rechtsschutz gegen Überbürdungen verbürgen.

Trotz aller dieser Bedenken aber will die Regierung doch die Umsatzsteuer einführen, — nur weil eine andere Sondersteuer keine Aussicht hat, angenommen zu werden, und weil die Regierung auch etwas thun will, um den begehrlichen Drängern den Mund zu stopfen.

Und bis 2 % soll die Umsatzsteuer keine Prohibitivsteuer sein, aber über 2 % ist sie eine unstatthafte Prohibitivsteuer!

Früher hielt man im Preußischen Herrenhause eine Besteuerung von 4 % des Einkommens für eine konfiskatorische Steuer, jetzt soll dieser Charakter erst bei 20 % oder 30 % des Ertrages beginnen!

Welche Widersprüche! Wie wandelt sich der Begriff der Strangulation und der Konfiskation doch je nach der Person der davon Betroffenen! Und doch sollen vor dem Gesetz Alle gleich sein!!

Wenn aber nach der Meinung des preußischen Finanzministeriums eine Umsatzsteuer von mehr als 2% unbedingt eine unstatthafte Prohibitationssteuer ist, so ist ja damit der bayerischen Umsatzsteuer das Urteil gesprochen, die als Staatssteuer schon bis 3% geht. Nun aber kommen noch die kommunalen Zuschläge hinzu, so daß in vielen Gemeinden die Gesamt-Umsatzsteuer bis 9% gehen wird. Sie würde demnach, wenn man einen Reinertrag von etwa 6% als normal ansehen will, 3% mehr als den Reinertrag fortnehmen, also eine thatsächliche Vermögenskonfiskation sein!

Wenn nach Rohrscheidt*) der § 51 der Reichsgewerbeordnung verbietet, daß für den Gewerbebetrieb dem Gewerbetreibenden nicht unerfüllbare Bedingungen auferlegt werden, so ist doch wohl die prädestinierte Fortnahme des Ertrages und noch dazu eines Teils des Kapitals eine der unerfüllbarsten Bedingungen. Wie darf denn die bayerische Gesetzgebung Gewerbesteuern einführen, die nach der Ansicht der preußischen Regierung ein direkter Verstoß gegen die Reichsgewerbeordnung sind!

Wird da nicht von Reichswegen eingeschritten werden? Wenn das nicht geschieht, müssen wir bald in einen Zustand völliger Anarchie geraten. —

Daß die preußische Umsatzsteuer auch schon mit ihren nur bis zu 2% gehenden Sätzen völlig prohibitiv wirken könne und werde, das haben die Gesetzgeber ja durch die Einfügung des § 5 anerkannt. Wenn nämlich die Steuer nachweislich 20% des gewerbesteuerpflichtigen Ertrages aus dem betr. Warenhausunternehmen übersteigt, so ist auf Antrag der Betrag der Warenhaussteuer für dieses Steuerjahr, aber höchstens auf die Hälfte, herabzusetzen.

In Bayern aber hat man eine derartige Schutzbestimmung nicht getroffen, obwohl doch die Steuer dort bis 3% bezw. 9% des Umsatzes gehen darf!

Demnach kann es keinem Zweifel unterliegen, daß die Umsatzsteuern, besonders aber die bayerische, einen völlig prohibitiven Charakter tragen und deshalb, als Verstoß gegen den Geist und die Bestimmungen der Reichsgewerbeordnung, gesetzwidrig und unzulässig sind.

---

*) a. a. O.

Und weiter. In der Begründung des preußischen Warenhaussteuergesetzentwurfes wird mit großer Offenheit zugegeben, daß die Steuer die verschiedenen Branchen verschieden trifft, daß bei den Branchen mit niedrigem Umsatzgewinn ev. kein Gewinn mehr übrig bleiben könnte.

Das ist durchaus zutreffend. Es wird durch Zeugen aus der Warenhausbranche leicht zu erweisen sein, daß der Umsatz aus dem Engrosverkehr, der — absolut — wegen seines bedeutenden Umsatzes sehr lukrativ sein kann, doch im einzelnen nicht einen so hohen Nutzen läßt, als die Umsatzsteuer beträgt.

Das gleiche gilt vom Kommissionsverkehr, gleichviel ob er für sich oder im Warenhaus betrieben wird; und ebenso auch trifft dasselbe auf viele Artikel im Detailverkehr zu, die wegen des hierbei zu ermöglichenden hohen Umsatzes einen — absolut — hohen Gewinn abwerfen, z. B. Garne, der im einzelnen aber weit hinter der Umsatzsteuer zurückbleibt. Die Umsatzsteuer zwingt daher vielfach die Warenhäuser, derartige Branchen aufzugeben. Sie wirkt also hierin direkt prohibitiv.

Wie bekannt, haben zahlreiche Geschäfte*), um der Umsatzsteuer zu entgehen, die betreffenden Branchen, wegen deren sie warenhaussteuerpflichtig werden würden, aufgegeben. Auch hier hat die Umsatzsteuer prohibitiv gewirkt . . Es kann sonach gar keinem Zweifel unterliegen, daß die Umsatzsteuer in vielen Fällen, zum mindesten für einzelne Geschäftszweige und Branchen prohibitiv wirkt — womit ihre Unzulässigkeit als ein direkter Verstoß gegen die Reichsgewerbeordnung erwiesen ist —, während in manchen Fällen wiederum allerdings eine Abwälzung gelingt, die dann aber den Charakter der Steuer vollständig verändert.

Aber wenn auch thatsächlich die prohibitive Wirkung nicht eintreten würde, so würde das an dem Charakter der Steuer nichts ändern, da ihr Zweck ein sozialpolitisch-prohibitiver ist.

Bezüglich der Großmühlen hat sich in Bayern der prohibitive Charakter der Umsatz- oder Vermahlungssteuer bereits praktisch bewährt. Bei der Ludwigshafener Mühle würde die Steuer für das Steuerjahr 1902/3 zusammen mit den kommunalen Aufschlägen, ca. 190 000 M., also mehr als die bisher verteilten Dividende von 160 000 M., und

---

*) Sächsische Denkschrift. S. 37, 57.

von dem bisherigen Reingewinn von ca. 290000 M. ca. 65 % betragen.

Die Ludwigshafener Walzmühle beabsichtigte daher, ihren Betrieb auf badisches Gebiet nach Mannheim zu verlegen. Eine eklatantere Verletzung des Prinzips der Gewerbefreiheit und ein gröberer Verstoß gegen die Gewerbeordnung läßt sich wohl nicht gut denken. Inzwischen hat man denn auch in Bayern die rechtliche Unzulässigkeit einer derartigen Besteuerung eingesehen und hat die Ludwigshafener Walzmühle — vorläufig auf 2 Jahre — wieder nach dem Ertrage besteuert. —

Aber auch darin setzt sich die Umsatzsteuer mit dem Geist der Reichsgewerbeordnung in unauflöslichen Widerspruch, daß sie in gewerblicher Beziehung den alten buntscheckigen Zustand wieder herbeiführt, den zu beseitigen gerade einer der Hauptzwecke der Gewerbeordnung gewesen ist, denn nichts hemmt die gewerbliche Entwicklung eines Landes mehr, als die ungleichmäßige Behandlung der Gewerbe in seinen einzelnen Gegenden. Darum beabsichtigten die Urheber der Gewerbefreiheit und der Gewerbeordnung in erster Linie Gleichmäßigkeit der Voraussetzungen und Bedingungen für den Gewerbebetrieb im ganzen Lande, und das war andererseits wieder die notwendige Voraussetzung für die Einführung der Freizügigkeit.

Kein Staat und keine Kommune sollte nun noch das Recht haben, die Zulassung zum Gewerbebetrieb oder die Ausübung eines solchen mehr zu erschweren als die anderen Staaten und Kommunen. Es war deshalb eine stillschweigende Voraussetzung der Reichsgewerbeordnung, daß alle deutschen Staaten und Kommunen sich bestreben würden, alle Bedingungen für den Gewerbebetrieb möglichst gleichmäßig zu gestalten, namentlich auch die Besteuerung der Gewerbe, die Gewerbesteuer.

Hätten die damaligen Gesetzgeber geahnt, daß man ihre guten Absichten jemals auf dem Wege der Besteuerung würde durchkreuzen wollen oder können, daß das Reichsrecht durch Landesrecht gebrochen werden könnte, dann würden sie sicher eine gesetzliche Kautel dagegen geschaffen haben. Denn das folgt aus dem ganzen Geiste, aus dem die Reichsgewerbeordnung geboren ist. Die Umsatzsteuern aber führen wieder in jenen alten Zustand der Buntscheckigkeit zurück, den die damaligen Gesetzgeber gerade beseitigen wollten. Sie stehen daher auch aus diesem Grunde in diametralem Gegensatz sowohl zu den ausgesprochenen Absichten der Urheber der

Reichsgewerbeordnung (vgl. S. 13 die Ausführungen der Motive des Entwurfs der Gewerbeordnung und des Kommissionsberichterstatter Dr. Stephani) als auch zu den §§ 1, 7[6], 51 und 143 der Reichsgewerbeordnung und sind daher unzweifelhaft gesetzlich unzulässig.

Aber diese Steuer trägt einen noch viel merkwürdigeren Charakter, sie ist gewissermaßen eine Strafsteuer. Mit dieser Umsatzsteuer will man „Auswüchse" des Gewerbelebens treffen und die betreffenden Gewerbetreibenden dafür bestrafen. Das ist ein völliges Novum, daß man Handlungen, die man durch das Gesetz gegen den unlauteren Wettbewerb nicht treffen kann, durch eine Steuer bestrafen will.

Etwas Verbotenes oder doch dem im allgemeinen Urteil Gleichstehendes kann man doch nicht besteuern, zur ergiebigen Einnahmequelle machen wollen. Aus der vermeintlichen „Unmoralität" soll man doch nicht Nutzen und Einnahmen ziehen wollen! Wenn es im Artikel 23 des bayerischen Gewerbesteuergesetzes vom 9. Juni 1899 heißt, daß gewerbliche Unternehmungen, die behufs der gewinnbringenden Verwertung größerer Betriebsmittel ihrem Geschäftsbetriebe eine außergewöhnliche Ausdehnung geben und durch die Art ihres Geschäftsverfahrens von den bisher üblichen Grundsätzen und Formen wesentlich abweichen, mit einer Umsatzsteuer zu belegen sind, — so trägt diese den Charakter einer gewerbepolizeilichen Strafsteuer. Es wird dadurch bestimmt, daß neue Formen und Bahnen im Gewerbebetriebe, die von den herkömmlichen abweichen, strafbar sind und darum unter Strafe gestellt werden müssen. Die Steuer trägt sonach den Charakter einer polizeilichen Strafeinschreitung, die einem Verbot in vielen Fällen gleichkommt. Ein solches Verbot aber darf nach § 143 der Reichsgewerbeordnung nicht mehr in ein Steuergesetz eingefügt werden und ist daher ungesetzlich.

Der § 23 des bayerischen Gewerbesteuergesetzes bildet sonach einen tiefgehenden Eingriff in die Gewerbefreiheit, indem er eine gewisse Art des Gewerbebetriebes durch Belegung mit einer Polizeistrafe, die wegen ihrer abnormen Höhe vielfach einem direkten Verbot gleichkommt, zurückdrängen und verhindern will. Ganz abgesehen davon, daß es keineswegs dem Gebote der Wirtschaftlichkeit entspricht, das Eindringen der modernen Wirtschaftsformen in gewisse Erwerbszweige verhindern zu wollen — denn nichts Anderes bedeuten die sogenannten Auswüchse des Gewerbelebens, — ganz abgesehen ferner davon, daß es doch wohl Pflicht gewesen wäre, über diese „Auswüchse“ erst genaue Erhebungen zu veranstalten und gründlich und objektiv zu prüfen, ob die von den Konkurrenten und den Feinden des Großbetriebes erhobenen Angriffe gegen diese „Auswüchse“ auch berechtigt und wirklich zutreffend seien, — kann es keinem Zweifel unterliegen, daß kein Einzelstaat und erst recht keine Gemeinde das Recht hat, die vom Reich unbedingt vorgeschriebene Gewerbefreiheit willkürlich zu beschränken oder aufzuheben. Die Zurückdrängung gewisser Gewerbeformen ist aber eine weitgehende Beschränkung oder Aufhebung der Gewerbefreiheit. Folglich ergiebt sich unzweifelhaft, daß der § 23 des bayerischen Gewerbesteuergesetzes, ebenso wie die Bestimmung über die Besteuerung der Großmühlen, einen unzulässigen Einbruch in das geheiligte Reich der Gewerbefreiheit bedeuten, daß sie rechtlich unzulässig sind.

Man könnte diesen § 23 auch so interpretieren, daß eigentlich die außergewöhnliche Ausdehnung und die abweichende Art des Geschäftsverfahrens von den bisher üblichen Grundsätzen und Formen verboten sein sollte, und daß die Erlaubnis für einen derartigen Geschäftsbetrieb nur durch eine solche hohe Umsatzsteuer erkauft werden dürfe. Dann trägt diese Steuer den Charakter einer Konzessionsabgabe, einer Lizenz, die aber durch die Reichsgewerbeordnung § 7[6] verboten ist.

Es ist schlechterdings nicht zu begreifen, wie ein derartiger ungeheuerlicher Gesetzesparagraph die Zustimmung der Regierung finden konnte. Und wer will denn auch nur annähernd zutreffend bestimmen, in welchen Fällen und wodurch diese Geschäftsbetriebe von den üblichen Grundsätzen und Formen abweichen? In der Denkschrift der sächsischen Regierung wie auch in der preußischen Begründung des Entwurfs ist mit anerkennenswerter Offenheit zugestanden, daß dabei — auch der unwissentlichen — Willkür Thor und Thür geöffnet ist. Es unterliegt sonach keinem Zweifel, daß die Umsatzsteuer, die in Preußen und Sachsen bis zu 2%, in Bayern bis zu 3%, bezw. 9% des Umsatzes steigt, also wenn man einen Durchschnittsertrag von etwa 6% annimmt, bis $^3/_6$ oder $^1/_2$ des Ertrages, ja sogar mehr als den ganzen Ertrag konfisziert, während die Gewerbesteuern sonst nur 1, höchstens 2% des Ertrages fort=

nimmt, rein sozialpolitischen, prohibitiven Charakter hat; daß sie dies prohibitive Ziel in vielen Fällen, besonders bezüglich einzelner Branchen der Warenhäuser erreicht; daß sie ferner einer Strafabgabe, einer polizeilichen Strafeinschreitung, einem Strafverbot zum Verwechseln ähnlich sieht, wie das der § 23 des bayerischen Gesetzes besonders deutlich zu Tage treten läßt, und daß man sie auch mit Recht eine neue Form der Lizenz nennen kann, — kurz, daß sie alles andere als eine Gewerbesteuer, daß sie vielmehr gerade das Gegenteil davon ist, daß sie gerade das erreichen will, was die Gesetzgeber mit der Gewerbeordnung §§ 1, 7[6] und 143 verhüten, ausschließen wollten.

Denn die Väter der Gewerbeordnung wollten, daß die Gewerbefreiheit in voller Reinheit durchgeführt werde, soweit nicht sanitäre oder allgemeine Landesinteressen eine Einschränkung verlangten, und daß die Belastung der Gewerbe durch Gewerbesteuern nur in richtiger Verhältnismäßigkeit zu den anderen Ertragssteuern und nach dem Grundsatze der Allgemeinheit und Gleichmäßigkeit bezw. Leistungsfähigkeit erfolgen dürfe, während die Umsatzsteuer im geraden Gegensatze dazu auf die Unterdrückung oder starke Schwächung gewisser Gewerbebetriebe ausgeht. —

Bei tieferem Eindringen in das Wesen der Umsatzsteuer ergibt sich aber auch, daß sie überhaupt **gar keine direkte Steuer** ist, sondern die Haupteigenschaften der indirekten Abgaben aufweist. Es ist kein Zufall, daß man die Umsatzsteuer öfters mit der Zucker- und Branntweinsteuer hinsichtlich ihrer gemeinsamen sozialpolitischen Absichten verglichen hat, so der Finanzminister von Miquel, so auch van der Borght a. a. O. Aber wenn die sächsische Denkschrift § 53 den letzteren deswegen als Kronzeugen für die Zulässigkeit der sozialpolitischen Zwecke der Umsatzsteuer nehmen will, so befindet sie sich durchaus im Unrecht. Denn van der Borght hebt im Anschluß an die von der sächsischen Denkschrift aus dem Zusammenhange herausgerissenen Worte, daß unter Umständen der Gesetzgeber bei den Steuergesetzen sich auch mit vollem Bewußtsein bestimmte volkswirtschaftliche und sozialpolitische Ziele vornehmen könne, denen gegenüber dann die Besteuerung nur als Mittel zum Zwecke erscheine, z. B. bei der Branntwein-, Zucker-, Betriebssteuer für Branntwein-Verkaufsstätten bei der Hausiersteuer und Wanderlagersteuer, — die wirtschaftlichen und sozialpolitischen Unterschiede zwischen diesen

Steuern und der Warenhaussteuer hervor. Während letztere die Kleinbetriebe auf Kosten der Großbetriebe schützen wollen, verfolgten die Zucker- und Branntweinsteuer den Zweck, das richtige Gleichgewicht zwischen Produktion und Absatzmöglichkeit herzustellen und zwar im Interesse des Gesamtgewerbes. Letztere verfolgen also zugleich wirtschaftspolitische Zwecke, die erstere aber rein sozialpolitische.

Trotzdem gleicht die Umsatzsteuer steuertechnisch diesen beiden indirekten Auflagen vollkommen. Die wesentlichen Merkmale solcher sind nämlich, wie wir bereits an früherer Stelle, hervorgehoben haben,

1. die reine Anknüpfung an Gütermengen im Verkehr oder bei der Produktion ohne Rücksicht auf die Person und die wirtschaftliche Leistungsfähigkeit,

2. die beabsichtigte Abwälzung auf andere, namentlich die Konsumenten.

Das erste Moment trifft, wie ohne weiteres ersichtlich, auf die Umsatzsteuer völlig zu, da sie ja von dem Umsatz, bei den Großmühlen von der Vermahlungsmenge, erhoben wird, und das zweite Moment, die Abwälzung, ist vielfach als Ziel der Umsatzsteuer hervorgehoben worden. Die Warenhäuser sollten die Steuer auf die Preise aufschlagen, damit der Kleinhandel wieder zu lohnenden Preisen verkaufen könnte. Und wenn dies auch nicht überall durchführbar sein wird, so wird doch eine andere Art der Abwälzung in vielen Fällen möglich sein, nämlich auf die Fabrikanten, die dann ihrerseits diese Einbußen wieder auf die kleineren Abnehmer abwälzen werden. Die sächsische Denkschrift führt dankenswerterweise derartige Beispiele an. Wenn sich sonach neben der erwarteten Abwälzung auch vielfach das keineswegs erwartete Resultat ergeben wird, daß die Warenhaussteuer teilweise in letzter Linie auf die kleinen Detailisten und deren Kundschaft abgewälzt wird, wodurch aber die Konkurrenzfähigkeit der Kleinen keineswegs gestärkt werden dürfte, — so geht doch aus diesen beiden Abwälzungen soviel sicher hervor, daß die Umsatzsteuer ihrem Wesen nach eine indirekte Verbrauchsabgabe und keine direkte Steuer ist. Sie ist keine Gewerbesteuer, sondern fällt unter die Abgaben, die der § 7[6] der Reichsgewerbeordnung aufgehoben hat und ist sonach eine rechtlich unzulässige Abgabe.

Ganz offensichtlich aber tritt dieser Charakter bei der Mühlen-Umsatzsteuer hervor, die der alten Mahlsteuer völlig gleich ist.

Die preußische Mahlsteuer wurde nach dem Edikt vom 28. Okt. 1810 über die Konsumtions- und Luxussteuern von dem in die Mühle gehenden Getreide — pro Scheffel 12 Gr. — erhoben. Diese Mahlsteuer war sonach eine indirekte Konsumtionsabgabe, und eine solche ist die moderne Mühlenumsatzsteuer ebenfalls. Als solche aber fällt sie unter die Kompetenz des Reiches und darf von den einzelnen Bundesstaaten nicht erhoben werden. —

Daß die Umsatzsteuer auf den Ertrag nicht die geringste Rücksicht nimmt, daß sie infolgedessen keine Gewerbesteuer ist und gegen das allgemein anerkannte Steuerprinzip der Allgemeinheit und Gleichmäßigkeit verstößt, bedarf eigentlich kaum noch eines Beweises.

Der Begriff und das Ziel der „Gewerbesteuer" ist durch die Wissenschaft und auch durch die Gesetzgeber in den Motiven der betr. Steuergesetze, wie wir oben nachgewiesen haben, unzweifelhaft und mit aller Bestimmtheit festgesetzt worden: Die Gewerbesteuer ist darnach eine **allgemeine** Ertragssteuer vom Gewerbe, die mit den anderen Steuern zusammen und im richtigen Verhältnis zu ihnen dazu dient, den Finanzbedarf des Staates und der Kommunen zu decken. Eine Steuer, die weder eine allgemeine Gewerbeabgabe noch eine Ertragssteuer ist, noch in erster Linie dazu bestimmt ist, dem Staate oder den Kommunen Einkünfte zu bringen, sondern die ganz andere sozialpolitische Zwecke verfolgt, die bestimmte Gewerbebetriebe absichtlich hoch belasten und ihre Konkurrenzfähigkeit einschränken will, darf keinen Anspruch auf den Ehrentitel einer Gewerbesteuer machen! Sie fällt so sehr aus dem Rahmen der bisherigen gesamten Steuerentwicklung wie insbesondere der Gewerbebesteuerung heraus, daß es keinen Interpretierungskünsten gelingen wird, sie als dazu gehöriges Glied in das bisherige Steuersystem einzufügen und ihre eklatante Unrechtmäßigkeit fortzudisputieren.

Die Umsatzsteuer nimmt auf den Ertrag keine Rücksicht, da sie in Prozenten des Umsatzes, des Verkaufserlöses erhoben werden soll; sie besteuert den Umsatz, gleichviel, ob überhaupt ein Ertrag oder welcher Ertrag erzielt ist; sie ist daher keine Gewerbesteuer im allgemein anerkannten wissenschaftlichen, steuertechnischen und steuerrechtlichen Sinne. Ihre Charakterisierung und Erhebung als Gewerbesteuer ist unzulässig, und da die Gewerbeordnung im § 7 alle anderen Abgaben vom Gewerbe, ausgenommen die Gewerbesteuern, aufgehoben hat, so besteht für die Erhebung einer Umsatzsteuer kein Rechtstitel, sie ist sonach rechtswidrig. Hinsichtlich der Reichsgesetzgebung kommt weiter noch der Steuerfuß der Gewerbesteuern in Frage. Das Reich hat zwar nicht eine zulässige Höchstgrenze für den Gewerbesteuerfuß vorgeschrieben, sondern hierin den Einzelstaaten völlige Freiheit gelassen unter der Voraussetzung, daß der Steuerfuß von denselben in angemessener und in den einzelnen Staaten in gleichmäßiger Höhe gehalten werde. Denn die einzelnen Staaten haben gegenseitig das größte Interesse daran, die Gewerbe nicht übermäßig zu belasten, weil sie sonst dadurch die betreffenden Gewerbe ev. aus dem Lande treiben würden.

Eine Gewerbesteuer, die prohibitivartig oder vernichtend wirken würde, wäre ein Widerspruch in sich selbst. Denn die Gewerbesteuer ist die Besteuerung des Ertrages der Gewerbe, sie setzt demnach das Bestehen des Gewerbes voraus; und da sie zur Bestreitung der dauernden Gemeinbedürfnisse erhoben wird, muß sie ihren eigenen Fortbestand zu sichern suchen, und das kann sie nur, wenn sie sich in erträglicher Höhe hält und die Gewerbe nicht unterdrückt. Jegliche Prohibitivsteuer würde mit dem eigentlichen Zwecke der Steuern der dauernden Beschaffung der Mittel für die Gemeinbedürfnisse im direkten Widerspruch stehen, da sie ja selbstmörderisch wirken würde. Die Gewerbesteuer soll die Gewerbe schonen, sie steuerkräftig erhalten, während die Umsatzsteuer im Gegenteil zu Gunsten anderer Gewerbe einzelne Gewerbe beschränken oder vernichten soll und wird.

Man kann daher ohne Frage behaupten, daß eine Abgabe, die die bisher üblichen Sätze weit überschreiten würde, nicht in den Rahmen des bisherigen Steuersystems paßt. Eine sogenannte Steuer also, die wie die Umsatzsteuer 20—50 Prozent des Ertrages, ja vielfach noch mehr als den ganzen Ertrag wegnehmen soll, kann nicht auf den Namen „Gewerbesteuer" Anspruch machen, sondern sie ist eine kommunistische Vermögenskonfiskation. Bei der Beratung der preußischen Einkommensteuer erklärte die Mehrheit des Abgeordnetenhauses, eine Einkommensteuer von vier Prozent sei nahezu eine Konfiskation des Einkommens! Die Umsatzsteuer aber nimmt 20 Prozent und mehr!

Aber auch ganz abgesehen von der Höhe der Umsatzsteuer, von ihrem prohibitiven, einem Strafverbot gleichkommenden Charakter, von ihrem Wesen als indirekter Abgabe, — sie verletzt die obersten Steuerprinzipien der Allgemeinheit und Gleichmäßigkeit in eklatanter Weise. Die Gewerbesteuerentwicklung ist bisher dahin gegangen, alle Gewerbe nach gleichem Maßstabe oder Steuermodus und in gleichmäßiger Veranlagung zur Gewerbesteuer heranzuziehen.

Der Grundsatz der Allgemeinheit einer Steuer war bisher allgemein anerkannt. Es wurden alle unter die betreffenden Steuern fallenden Betriebe von ihr erfaßt, so bei der Malzsteuer, der Branntwein-, der Zuckersteuer. Die Umsatzsteuer aber weicht prinzipiell und absichtlich von diesem Hauptprinzip der Besteuerung ab, indem sie einige „hassenswerte“ Betriebe herausgreift und sie — ohne Rücksicht auf ihrem Ertrag oder ihre Ertragsfähigkeit — mit einer abnorm hohen Steuer belegt.

Diese Verletzung des Haupt-Steuer-Grundsatzes, der auch die Grundlage alles Rechts bildet, öffnet der Willkür Thor und Thür, insofern sich nun die Flut der Ausnahmegesetze über alle Gebiete ergießen kann. Diese Ausnahmesteuer ist aber nicht nur ein Bruch der bisher allgemein — auch von den Gesetzgebern — anerkannten Steuerprinzipien, sondern auch ein arger Verstoß gegen die preußische Verfassung §§ 4 und 101, wonach vor dem Gesetz Alles gleich ein und alle Steuer-Bevorzugungen, und damit auch alle Steuerbenachteiligungen aufgehoben sein sollen.

Es ist unbegreiflich, wie man sich über derartige gesetzliche Schranken hat hinwegsetzen können!

Professor Biermer*) äußerte sich über den Charakter der Umsatzsteuer folgendermaßen:

„Da das preußische Gewerbe-Steuer-System gemäß dem Gesetz vom 24. Juni 1891 grundsätzlich auf dem Betriebsertrage und nur ganz subsidiär auf dem Anlage- und Betriebs-Kapital beruht, also ein reines Ertragssteuersystem darstellt, so durchbricht die Warenhaussteuer dieses System durchaus und führt eine völlig neue, von Wissenschaft und Praxis längst aufgegebene Veranlagungsbasis wieder ein.“

In der Praxis hat man denn auch anerkannt, daß die Warenhaussteuer keine Gewerbesteuer sei. Bei den Handelskammerwahlen in Berlin hat man nämlich nicht die Beträge der Waren-

---

*) a. a. O.

haussteuer mit in Rechnung gestellt, sondern die fingierten Steuerbeträge nach dem Maßstabe des Ertrages. Man hat damit der Warenhaussteuer den Charakter der Gewerbesteuer — und mit Recht — abgesprochen.

Die Verteidigung der Umsatzsteuer in der sächsischen Denkschrift*) gegen den Vorwurf, daß sie gegen den § 25 der sächsischen revidierten Städteordnung verstoße, wonach „jedes Mitglied zu den Gemeindelasten verhältnismäßig beizutragen hat“, ist wenig stichhaltig, wenn sie sie darauf gründet, daß sich die Umsatzsteuer doch immer noch innerhalb des Spielraumes, den Zweckmäßigkeit und Gerechtigkeit bieten, hält. Daß eine Steuer, die Einzelnen bis zu $1/2$ des Ertrages, Manchen mehr als den ganzen Ertrag fortnimmt, während sonst schon vier Prozent derselben als hohe Besteuerung gelten, nicht „gerecht“ ist, leuchtet ohne weiteres ein.

Es nimmt sich diese Verteidigung aber um so wundersamer aus, als die Denkschrift — ebenso wie die Begründung des preuß. Warenhaussteuer-Gesetzentwurfs — eigentlich in der Hauptsache eine Sammlung von Gründen gegen die Umsatzsteuer ist, denn die Statistik habe erwiesen, daß der Kleinhandel sich übermäßig vermehrt habe und an seiner eigenen Überfüllung kranke. Die Steuer werde auch ihren Zweck nicht erreichen, da sie entweder abgewälzt werde, oder die Warenhäuser zu noch schärferer Konkurrenz zwinge, was beides dem Detailhandel schaden müsse. Zum Schluß wird auf die Selbsthilfe verwiesen.

Wenn trotz dieses vernichtenden Urteils über die Umsatzsteuer plötzlich mit einer Seitenbeuge nach rechts die Gemeinde-Umsatzsteuer empfohlen wird, so ist diese Logik nicht verständlich. Wenn etwas schlecht ist und für den Staat nicht paßt, soll es trotzdem für die Gemeinden gut sein! Hoffentlich werden die Gemeinden noch nicht alle Logik verlernt haben und den richtigen Schluß aus den Darlegungen der Denkschrift ziehen!

Die Begründung des preußischen Warenhaussteuergesetzes ergeht sich in dieser Beziehung in den auffallendsten Widersprüchen. Im Anfang heißt es darin: „Die Besteuerung nach dem Umsatz birgt daher auch bei Beschränkung auf den Kleinhandel die Gefahr in sich, äußerst ungleichmäßig zu wirken.“ An späterer Stelle aber ist der

*) S. 51.

Verfasser bereits zu einer ganz anderen, gerade entgegengesetzten Ansicht gelangt, wenn er sagt: „Dasjenige aber, was das alleinige Ziel des steuerlichen Vergehens sein kann, eine der Leistungsfähigkeit und dem Interesse an den Gemeindevorstellungen entsprechende Erfassung der großen Warenhäuser rc. läßt sich auch auf dem Wege der Umsatzsteuer, sofern die Sätze das richtige Maß einhalten, erreichen.“ (!)

Im Anfang gibt der Verfasser zu, die Umsatzsteuer wirke äußerst ungleichmäßig, da sie auf den Reinertrag und damit die Leistungsfähigkeit keine Rücksicht nehme, später aber meint er, sie erfasse die Warenhäuser nach der Leistungsfähigkeit! .

Wenn das Pr. Kommunalabgabengesetz in den §§ 20, 29, 31 Sondergewerbesteuern — unter die doch die Umsatzsteuern fallen sollen — einführt, um das Prinzip von Leistung und Gegenleistung in den Gemeinden durchzuführen, bezw. die einzelnen Gewerbebetriebe nach ihrer Leistungsfähigkeit zu besteuern, — so ist ohne weiteres ersichtlich, daß die Umsatzsteuer, da sie eben auf die Leistungsfähigkeit oder das Interesse an der Gemeinde nicht die mindeste Rücksicht nimmt, hierfür nicht geeignet ist.

Es ist nicht verständlich, wie sich die preußische Regierung in derartigen, noch dazu sich diametral widersprechenden, Behauptungen ergehen kann.

Professor Biermer hat das einen „Seiltanz gewagtester Art“ genannt.

Er urteilt über das preußische Warenhaussteuer-Gesetz folgendermaßen:

„Die Art und Weise, wie sie (die Regierung) das Experiment zu begründen versuchte, hat geradezu Staunen erregt. Wer die Motive des Entwurfs aufmerksam liest, wird zugeben, daß sie direkt gegen das Gesetz sprechen. Die Art, wie sie mit dialektischen Kunststücken im Parlament vertreten wurden, gleicht einem Seiltanz gewagtester Art. In der wissenschaftlichen Welt ist jedenfalls das Gesetz mit einer seltenen Einmütigkeit und mit denkbar größter Schärfe verurteilt worden.“

Adolph Wagner, den man doch gewiß keinen Freund der modernen Entwicklung und der Großbetriebe nennen kann, urteilt in dem neusten Bande seiner Finanzwissenschaften (S. 829) von dem preußischen Warenhaussteuergesetz:

„Es sei ein Versuch, mittels einer ziemlich starken Sondersteuer die Entwicklung der Warenhäuser ꝛc., die alle möglichen Artikel führen, zu hemmen, wenigstens zu erschweren im Interesse des geschäftlichen Mittel-, Klein- und Spezialbetriebes, ohne mit dem Prinzip der Gewerbefreiheit zu brechen oder nur in Konflikt zu kommen. (?!) Ob letzteres mit einem solchen Gesetze vermieden werde, stehe seines Erachtens dahin. Immerhin ließe sich die Steuer, wenn sie auch in der Form (nach dem Umsatze) roh sei, allenfalls (!) auch einigermaßen (!) als eine solche auffassen, welche dem Grundsatze der Besteuerung nach der größeren Leistungsfähigkeit, wegen der Vorteile des Großbetriebes ꝛc. in den modernen großen Warenhäusern, entspreche." „Ihr Ziel ist mir sympathisch, ihre Einrichtung und ihre ganze Methode kann ich weniger anerkennen. Das Richtige wäre wohl nicht bloß die Vereinigung sonst nach bisherigem Brauche nicht in einem Geschäfte gehandelter Waren, sondern solche Großbetriebe überhaupt, auch bei der Beschränkung auf eine der altüblichen Warengattungen, zu treffen.

Die Bildung der Warengruppen in dem Gesetze leidet zudem unvermeidlich an Willkür. So laboriert das ganze Gesetz an Halbheit."

Wenn man die sonstige Stellung Wagners zur Mittelstandspolitik berücksichtigt, so bedeutet dieses Urteil eine, wenn auch sehr gewundene, Absage an die Umsatzsteuer. Allerdings enthalten die früheren finanzwissenschaftlichen Arbeiten Wagners viel schärfere Verurteilungen derartiger ungerechter Steuern — damals aber ging auch das Streben der Mittelstandspolitiker noch nicht nach Umsatzsteuern.

Auch van der Borght a. a. O. äußert „weite Bedenken gegen dies Gesetz vom steuerpolitischen und sozialpolitischen Gesichtspunkte aus". Das Umsichgreifen einer „bedenklichen" Steuerform dürfe nicht erleichtert werden, sonst würde dieses „interessante" Steuerexperiment zu einer öffentlichen Gefahr sehr ernster Art werden.

Mag auch der Zweck der Warenhaussteuer vielerseits möglichst verschleiert und sie als harmlos hingestellt werden — dann allerdings hat sie keinen Zweck und ist nur eine schwächliche Nachgiebigkeit gegen die stürmischen Mittelstandspolitiker —, in Wahrheit ist das letzte Ziel dieser Leute doch die Strangulierung der Kleinhandels-Großbetriebes, wie van der Borght*) sehr richtig bemerkt:

„Das Ziel (der Kleinhandels-Agitation) ist — allen schönrednerischen Beiwerks entkleidet — die Erdrosselung der Warenhäuser, wenn ihr Umsatz eine gewisse „schwindelnde“ oder „ungesunde“ Höhe erreicht. Das ließ sich nur durch eine stark progressive Umsatzsteuer erreichen, die freilich mit der jetzigen Gewerbeordnung unvereinbar sein würde.“

„Viele halten daher diesen ersten Schritt für bedenklich wegen der Folgen, die sich daran knüpfen können.“

Rechtsanwalt Cohn**) a. a. O. sagt: „Die Steuer zu bezahlen dürfte nicht leicht möglich sein, sie ist thatsächlich eine Erdrosselungssteuer.“ Er rechnet aus, daß, wenn z. B. jemand mit einem Kapital von 16000000 M. arbeitet, wovon er selbst 5000000 M. besitzt, so beläuft sich der Ertrag bei 6 % Verzinsung auf 960000 M., wovon er 600000 M. Zinsen und 320000 M. Steuern bezahlen muß; er hätte also einen Verlust von 20000 M.

„Da die Erdrosselung das Ziel ist, so muß man doch wohl zu der Überzeugung gelangen, daß diese (preußische) Warenhaussteuer gegen die Gewerbeordnung verstößt“ und die bayerische Umsatzsteuer des § 23 erst recht, da sie bis 3 %, bezw. 9 % des Umsatzes geht!

Daß die leitenden Staatsmänner sich der Tragweite dieser Umsatzsteuer voll bewußt waren, das geht aus ihren Äußerungen klar hervor, von denen wir nur folgende anführen wollen.

Der preußische Generalsteuerdirektor Burghart erklärte in der Umsatzsteuer-Kommission des Preußischen Abgeordnetenhauses von 1896 (Bericht S. 3):

„Unter den zugelassenen Gewerbesteuern sei aber nur das gemeint, was man im allgemeinen unter einer Gewerbesteuer verstehe, d. h. eine analog wie von den anderen Ertragsquellen von dem Gewerbebetrieb erhobene Ertrags- und Realsteuer; eine stark progressive, prohibitiv wirkende Sondersteuer von gewissen Gewerbebetrieben würde als eine nach § 7 Nr. 6 der Reichsgewerbeordnung zulässige Gewerbesteuer kaum noch angesehen werden können.“

---

*) a. a. O.

**) a. a. O.

Und der sächsische Bevollmächtigte Geh. Rat Dr. Fischer erklärte in der Reichstagssitzung vom 26. November 1896:

„Das freilich will ich Ihnen ohne weiteres zugeben, daß, wenn man auf die Konsumvereine, die unter dieses Gesetz fallen (Genoss.-Ges.) eine so exorbitante Steuer, eine Prohibitivsteuer, legen wollte, die die Forterxistenz der Konsumvereine geradezu unmöglich machen würde, dies zwar nicht dem Wort, aber wohl dem Geiste des Reichsgesetzes widersprechen würde: darüber ist gar kein Zweifel."

Herr von Boetticher hatte in derselben Sitzung vorher zugestanden, daß, wenn diese Umsatzsteuern nicht den Charakter von Gewerbesteuern haben, sie mit der Reichsgesetzgebung im Widerspruch stehen würden, und dann würde seitens des Reiches eingeschritten werden müssen.

In der Sitzung des XVI. Ausschusses der bayerischen Kammer der Abgeordneten zur Beratung des Gesetzentwurfes, betreffend die Gewerbesteuer, vom 22.—24. Nov. 1898, in der Dr. Heim einen Antrag auf Besteuerung der Warenhäuser von 1—4 % des Umsatzes stellte, führte der bayerische Finanzminister aus: steuerliche Ausnahmemaßregeln dürften nicht die Form einer Erdrosselungssteuer annehmen, weil Bayern an die Reichsgewerbeordnung gebunden sei, welche nach dem Prinzip der Gewerbefreiheit auch die sogenannten „hassenswerten" Gewerbe als existenzberechtigt zulasse. — Die Umsatzsteuer sei ein ganz neues System. Die bayr. Steuergesetze fußten in ihrem letzten Ende auf dem Ertrage. — Es ergebe sich mit den Umlagen eine Belastung von 10—14 % des Jahresumsatzes. Eine derartige enorme Besteuerung aber könne sich dem Vorwurfe kaum entziehen, daß sie gegen das Prinzip der durch Reichsgesetz garantierten Gewerbefreiheit verstoße. Auch in Preußen habe man erkannt, daß die Reichsgewerbeordnung in gewissem Maße ein Hindernis für die Einführung der Umsatzsteuer bilde. Wenn man der bayr. Steuergesetzgebung nachweisen könne, daß sie bewußt den allgemeinen Vorschriften der Reichsgewerbeordnung zuwider gehandelt habe, so werde man es erleben, daß eine Korrektur eintrete. Nach den Anträgen Dr. Pichler, Neuner und Steininger werde die Ludwigshafener Walzmühle ca. 400000 M. Steuer zu zahlen haben bei 257000 M. Reingewinn. Die Mühle würde ein Recht haben, sich kraft der Gewerbeordnung zu beschweren. Die geplante Steuer schäle sich so ganz außerordentlich aus dem Rahmen der Gesetze heraus, daß sie nicht zu halten wäre und einen Widerstand erfahren würde, der unter Umständen einen Erfolg haben könnte.

Bei der Beratung des preußischen Warenhaussteuergesetzentwurfes am 26. Februar 1900 führte der Finanzminister von Miquel im Preußischen Abgeordnetenhause aus:

„Namentlich möchte ich bitten, von der Tendenz, diese großen Warenhäuser überhaupt zu strangulieren, gänzlich abzusehen. Das wäre, wie gesagt, mit der Reichsgesetzgebung nicht vereinbar, aber auch mit den großen gesellschaftlichen Grundsätzen, die wir hier im Abgeordnetenhause vertreten, im Widerspruch."

Und der Geh. Ober-Finanzrat Dr. Strutz äußerte in derselben Sitzung, diese Warenhaussteuer dürfe nicht prohibitiv sein. Eine solche Steuer stände im Gegensatz zur Gewerbeordnung und eine solche Steuer würde kein Bundesstaat einzuführen geneigt sein. Die Grenze von 30% des Ertrages sei lediglich hineingebracht, um eine prohibitive Steuer auszuschließen.

Im gleichen Sinne äußerte sich der Handelsminister Brefeld. In dem merkwürdig unbestimmt gehaltenen Dekret der sächsischen Regierung an die Stände, betreffend die Besteuerung der Gewerbebetriebe im Kleinhandel" vom 28. Februar 1902, S. 50, werden die obigen Äußerungen des Staatsministers von Boetticher und des bayerischen Finanzministers angeführt, und im Anschluß daran findet sich die wunderbare Bemerkung:

„Die Ansicht des Prof. Dr. Rehm, der in einem Heftchen „Warenhaus-Umsatzsteuer und Gewerbefreiheit" und in einem gedruckten Gutachten vom August 1900 gegen den Entwurf einer neuen Gewerbesteuerordnung für Dresden diesen Einwand wiederholt, kann wohl als vereinzelte Auffassung gelten."

Trotzdem Rehm dieselbe Ansicht wie die preußischen und bayerischen Finanzvertreter begründet, trotzdem, wie doch auch wohl dem Verfasser der sächsischen Denkschrift bekannt sein dürfte, von wissenschaftlicher*) Seite die Umsatzsteuer allgemein verurteilt wird, soll Rehms Ansicht nur als vereinzelte Auffassung gelten!!!!

*) a. a. O.

Max von Heckel*) wendet sich gegen die Umsatzsteuer mit folgenden Worten:

„Dagegen ist jeder Versuch, die Form der Warenhaussteuer als Mittel zur Unterdrückung dieser Unternehmungsformen oder zur wesentlichen Eindämmung ihrer Konkurrenz den überkommenen Formen des Ladenhandels gegenüber, sei es als „Erdrosselungssteuer", sei es als Beschränkungssteuer, unbedingt abzuweisen. Eine solche Aufgabe ist dem Prinzip der Steuer fremd und trägt von vorneherein den Keim von Widersprüchen, Inkonsequenzen und Bedenken aller Art in sich." — — —

Fassen wir die Ergebnisse unserer Untersuchungen kurz zusammen, so können wir folgendes sagen:

1. Die obersten Rechtsprinzipien und die Grundlagen des modernen Staates sind die Gleichheit aller Staatsbürger vor dem Gesetz und das Prinzip der Allgemeinheit, der Gerechtigkeit, der Gleichmäßigkeit und Verhältnismäßigkeit in der Besteuerung. Ausnahme-Steuern, die nur Einzelne treffen sollen und eine Art Vermögenskonfiskation darstellen, sowie eine bestimmte Entwicklungstendenz aufzuhalten bestimmt sind, würden jene Prinzipien tief verletzen und mit der preußischen Verfassung §§ 4 und 101 in direktem Widerspruch stehen.

2. Während die Entwicklung der Gewerbefreiheit und der einheitlichen Reichsgewerbeordnung jede unnütze Hemmung und Belastung der Gewerbe, die Buntscheckigkeit in der politischen und steuerlichen Behandlung der Gewerbe beseitigen und verhüten sollte, wirkt die Umsatzsteuer gerade in umgekehrter Tendenz und stellt sich damit in unlösbaren Widerspruch mit der Gewerbeordnung. Sie ist ein Bruch des Reichsrechts durch Landesrecht.

3. Die Gewerbeordnung läßt bezüglich der Gewerbe im § 7[6] nur noch Gewerbesteuern zu. Als solche gelten nach der allgemein übereinstimmenden Ansicht von Wissenschaft und Praxis nur allgemeine direkte Ertragsteuern. Die Umsatzsteuer aber ist weder eine allgemeine, noch eine Ertragssteuer, noch eine direkte Steuer, sondern ist eine Ausnahmesteuer und trägt den Charakter einer indirekten Verbrauchsabgabe. Sie ist da-

*) a. a. O.

her nach § 7[6] der Reichsgewerbeordnung nicht zulässig und bedeutet eine direkte Verletzung dieses Verbots der Reichsgewerbeordnung.

Auch gegen das preußische Kommunalabgaben-Gesetz §§ 20, 29, 31 verstößt die Umsatzsteuer insofern, als auch die besonderen Gewerbesteuern als Ertragssteuern im Rahmen der Gewerbebesteuerung gedacht waren, nur daß man für die Schätzung der Steuerfähigkeit des Ertrages auch äußere Merkmale zulassen wollte. Solche sollten aber nach der Denkschrift des Finanzministers von Miquel „in Verbindung mit dem Ertrage" bleiben.

Die Charakterisierung der Gewerbesteuern seitens des Reichsgerichts als solche, die an den Betrieb eines Gewerbes geknüpft sind, ist viel zu weit und unbestimmt, da sie auch auf indirekte Verbrauchsabgaben anwendbar sein würde.

4. Der Zweck der Umsatzsteuer ist ein rein sozialpolitischer, die Strangulierung der betreffenden Gewerbebetriebe. Sie steht damit mit allen Rechtsgrundsätzen, mit unserer ganzen Rechtsordnung, insbesondere der Staatsverfassung und mit der Reichsgewerbeordnung in denkbar schärfstem Widerspruch.

Wenn die Begründung des preußischen Warenhaussteuer-Gesetzentwurfes den Beginn des prohibitiven Charakters der Steuer bei 2 % ansetzt, so ist diese Grenze eine ganz willkürliche. Sie kann auch ebensogut schon bei ½ % liegen. Jedenfalls aber erklärt sie damit indirekt die bayerische Umsatzsteuer, die bis 3 % und mit den kommunalen Zuschlägen bis 9 % geht und mehr als den ganzen Ertrag fortnehmen würde, für eine Strangulationssteuer, die völlig ungesetzlich ist. Der prohibitive Charakter der Steuer äußert sich auch darin, daß die Warenhäuser 2c. einzelne Branchen aufzugeben gezwungen werden.

5. Die Umsatzsteuer gewinnt, namentlich in Bayern, den Charakter einer Straffteuer, einer polizeilichen Strafeinschreitung, eines Verbots oder auch einer Lizenz, was aber beides einen unzulässigen Verstoß gegen die Reichsgewerbeordnung §§ 143 und 7[6] bedeutet. — —

Dem Kenner unserer Rechtsentwicklung erscheint es unbegreiflich, daß man, dem Drängen der „Mittelstandspolitiker" nachgebend, solche unhaltbaren Gesetzesbestimmungen hat verfassen können, denen der

Stempel der Unzulässigkeit, der Ungesetzlichkeit allzu deutlich auf die Stirn gedrückt ist.

Der Staat ist der Hüter der Kontinuität in der Entwicklung und ebenso der Hüter der strengsten Gesetzlichkeit; er muß sich daher vor derartigen Ungesetzlichkeiten auf das peinlichste hüten!

Strenge Gerechtigkeit und Gesetzlichkeit ist das Fundament des Staates. Weicht er davon ab, so untergräbt er selbst sein Fundament. Verlasse man daher noch rechtzeitig diesen falschen Weg, ehe größeres Unheil damit angerichtet wird!

Druck von Georg Reimer in Berlin.

Nachtrag.

Es gereicht dem Verfasser zur freudigen Genugthuung, daß der Preußische Wirkliche Geheime Ober-Regierungsrat und Senatspräsident des Königlichen Oberverwaltungsgerichts, Fuisting, in seinem leider erst nach Drucklegung dieser Broschüre erschienenen IV. Band der Preußischen direkten Steuern, Berlin 1902, bezüglich der Verurteilung der Sondersteuern ganz mit dem Verfasser übereinstimmt. Es ist unmöglich, daß eine solche gewichtige Stimme ungehört, und ohne den tiefsten Eindruck auf die Regierungen zu machen, verhalle.

Da wir das Fuisting'sche Buch nicht mehr für unsere Broschüre verwerten konnten, wollen wir hier wenigstens die hauptsächlichsten, für uns in Betracht kommenden Stellen wiedergeben:

„Mit der subsidiären Natur der Steuern nicht vereinbar ist die Lehre, welche der Steuer zugleich den Zweck beilegt, die Verteilung des Volkseinkommens und -Vermögens oder gar die Verwendung der Einzeleinkommen zu regeln.“ „Richtig ist nur, daß die Erhebung von Steuern und die Verwendung ihres Aufkommens zugleich und nebenbei auf die Verteilung des Volkseinkommens und -Vermögens einwirken. Aber dies ist lediglich eine notwendige und untergeordnete Folge, nicht der Zweck der Steuern.“ (S. 6.)

Auf S. 93 nennt Fuisting eine einzige allgemeine Einkommensteuer mit Zuschlagsbelastung des Besitzeinkommens das Ideal der Steuer, das aber vorläufig wegen der vielen Unvollkommenheiten noch nicht erreichbar sei. Das Einkommen ist im Grunde genommen der einzige Maßstab für die persönliche Leistungsfähigkeit.

Auf S. 101 kritisiert Fuisting scharf die Überweisung der „veralteten und unhaltbaren“ Ertragsteuern an die Kommunalverbände, das ein Danaergeschenk für sie sei.

Den Kommunalverbänden selbst kann „die Erfindung und Ausgestaltung eigener Ertragsteuern nicht überlassen werden", das sei zu schwierig und würde zu einer gefährlichen Buntscheckigkeit führen.

Bezüglich der Gewerbesteuer habe der Grundsatz der allgemeinen Steuerpflichtigkeit zu gelten (S. 326). „Die Umgestaltung der Gewerbesteuer zu einer nach dem wirklichen Ertrage bemessenen Steuer hat zuerst und bisher allein Preußen mit seinem Gewerbesteuergesetz vom 24. Juni 1891 versucht." (S. 333.) — Prohibitivsteuern „entsprechen weder dem in der Reichsgewerbeordnung an die Spitze gestellten Grundsatze der Gewerbefreiheit, noch dem Wesen und Zwecke der Steuer." „Steuern, mittelst deren eine Erwerbsthätigkeit verhindert, also das Gegenteil ihres Zweckes erreicht werden soll (Aufbringung eines Teils des Staatsbedarfs), leiden an einem inneren Widerspruch und erscheinen als Mißbrauch des Besteuerungsrechtes." „Überdies wird der sich hinter solchen Scheinsteuern verbergende fremde Zweck in Wirklichkeit selten erreicht werden." (S. 339). — „Die Umsatzsteuerforderungen gegen Warenhäuser 2c. bilden nur die erste Stufe. Es würde die Unterdrückung aller übrigen Großbetriebe — auch in der Landwirtschaft — folgen müssen. Das sei aber eine „schiefe Ebene", auf der kein Halt mehr sei bis zu vollständiger Zersplitterung oder zur Erreichung des sozialistischen Ideals. Diese Steuern seien ein „Mißbrauch des staatlichen Besteuerungsrechts." (S. 340.) —

„Wenn die Gerechtigkeit das Fundament der Staaten ist, und die Grundsätze der Gerechtigkeit bei allen großen Umgestaltungen im Steuerwesen an die Spitze gestellt werden, verbietet sich auch jeder Versuch, die wirtschaftlichen Kämpfe durch ungerechte Anwendung steuerlicher Machtmittel auszutragen." „Der Staat kann, ohne von den Grundsätzen der Gerechtigkeit abzuweichen, mittelst der gewerblichen Besteuerung zur Ausgleichung wirtschaftlicher und sozialer Gegensätze nur wenig beitragen." (S. 341.) — „Ist ... auch die Preußische Warenhaussteuer frei von den der Bayerischen Besteuerungsform anhaftenden großen Mängeln, so treten doch die nachteiligen Folgen einer auf die Erreichung fremder, nicht dem steuerlichen Gebiete angehörenden Zwecke deutlich hervor." „Der zahlenmäßige Jahresumsatz ist eine vordem niemals und nirgends angewendete, sondern erst für die Zwecke der Warenhausbesteuerung erfundene, für eine gerechte und gleichmäßige Besteuerung völlig ungeeignete Grundlage", denn je größer der Umsatz, um so kleiner der Nutzen. „Mit der bis zu 20 % des Ertrages, mithin bis zum 20fachen des bei der allgemeinen Gewerbesteuer auch für die größten und gewinnreichsten Unternehmungen maßgebenden Satzes von 1 % des Ertrages gehenden Steuer wird ein Mißverhältnis geschaffen, das mit dem bei den Preußischen Steuerreformen 1891/93 so stark betonten obersten Grundsatze der Gerechtigkeit, der Besteuerung in verhältnismäßiger Gleichheit ganz unvereinbar ist." (S. 342).

Der Zweck der Warenhaussteuer wird nicht erreicht werden. Es werden neue Warenhäuser entstehen und sie werden ihren Umsatz noch weiter ausdehnen und ihre Betriebskosten einzuschränken suchen.

Der Wettbewerb zum Nachtheil der kleineren Gewerbetreibenden wird nur verschärft werden. Die Steuer wird auf Fabrikanten, Arbeiter und Angestellte abgewälzt werden. Der Vertrieb mehrerer Warengruppen wird nun ein Monopol der Warenhäuser.

„Hier wird sich nur die alte Erfahrung wiederholen, daß neue Formen des wirtschaftlichen Verkehrs, welche dem wirklichen Bedürfnisse entsprechen oder von der Gunst des Publikums getragen werden, kein Gebiet für steuerliche Versuche sind." (S. 344.)

Zum Schluß spricht Fuisting über die Fortbildung des Systems der direkten Steuern, wobei die Leistungsfähigkeit und das besondere Interesse an den Staatseinrichtungen, so beim Besitze von Erwerbsvermögen, die grundlegenden Steuerprinzipien bilden werden. (S. 352.)

Die bestehenden Ertragsteuern sind unhaltbar wegen der die Gleichmäßigkeit der Besteuerung vereitelnden Verschiedenheit ihrer Grundlagen. (S. 356.) —

Es ist nur zu wünschen, daß diese vortrefflichen Ausführungen und Anschauungen in allen maßgebenden Kreisen die richtige Beachtung finden, und man sich über die Ungesetzlichkeit und die fast unübersehbaren Gefahren der Umsatzsteuern in rechtlicher, moralischer und wirtschaftlicher Hinsicht recht bald klar wird.